A

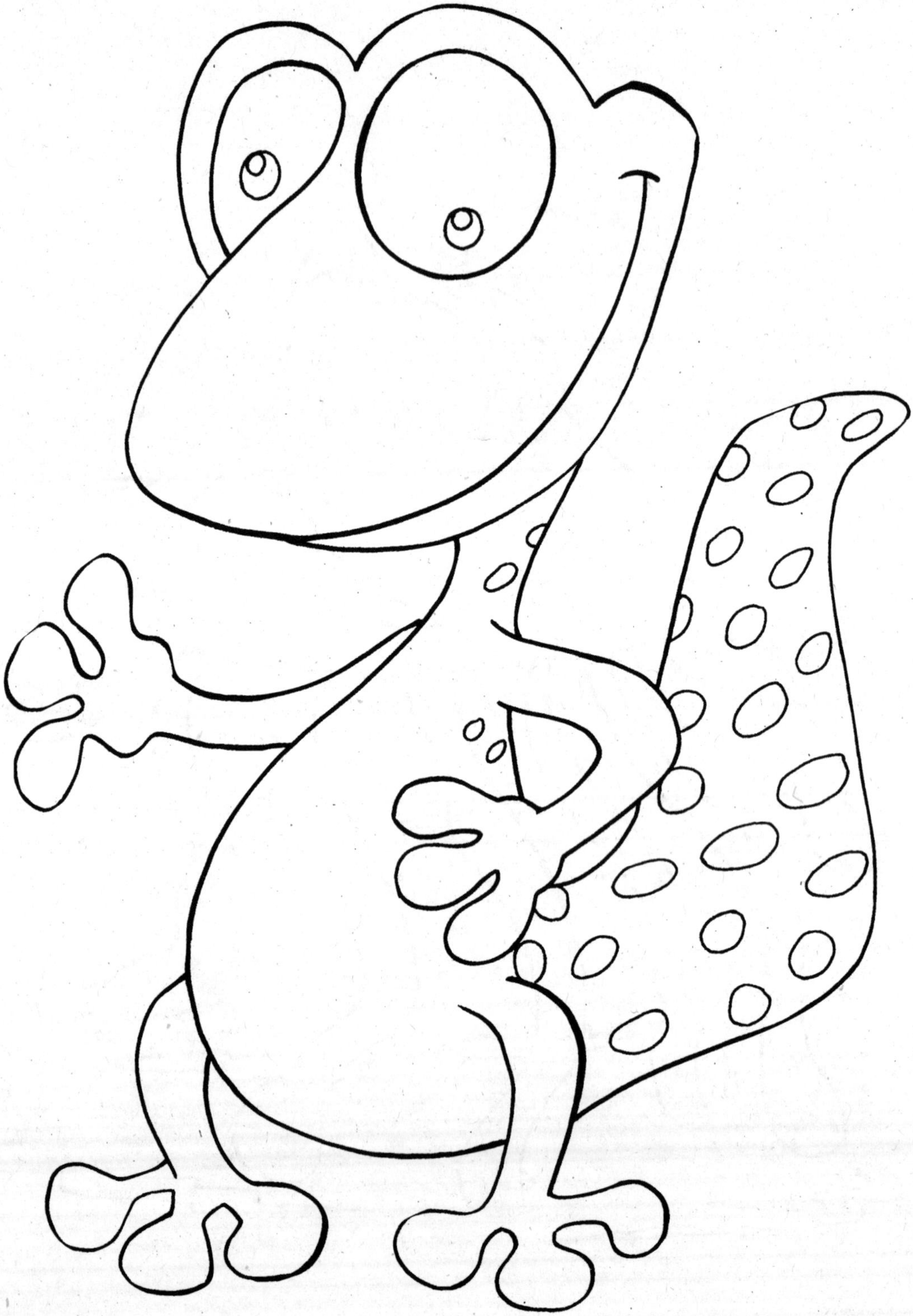

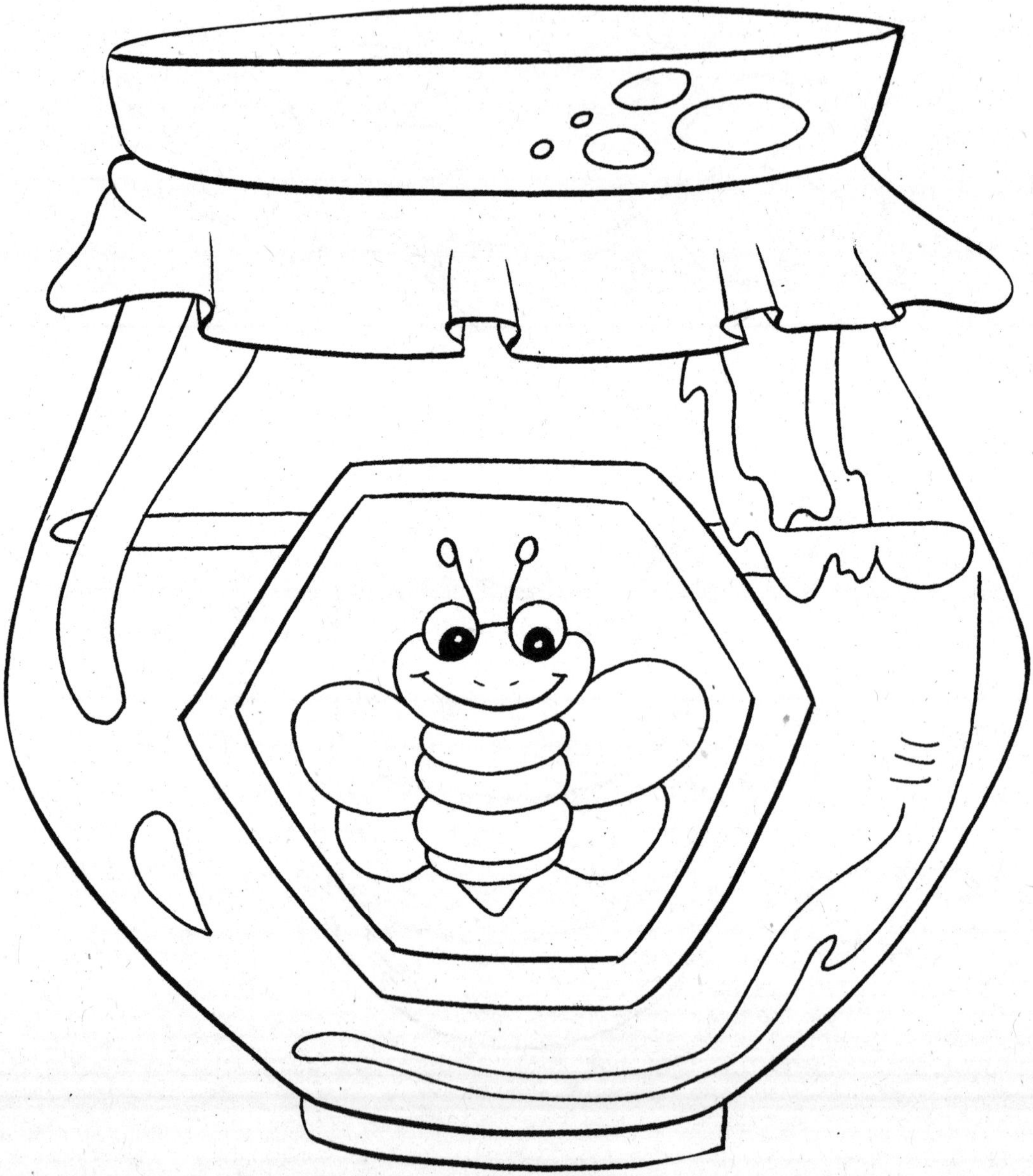

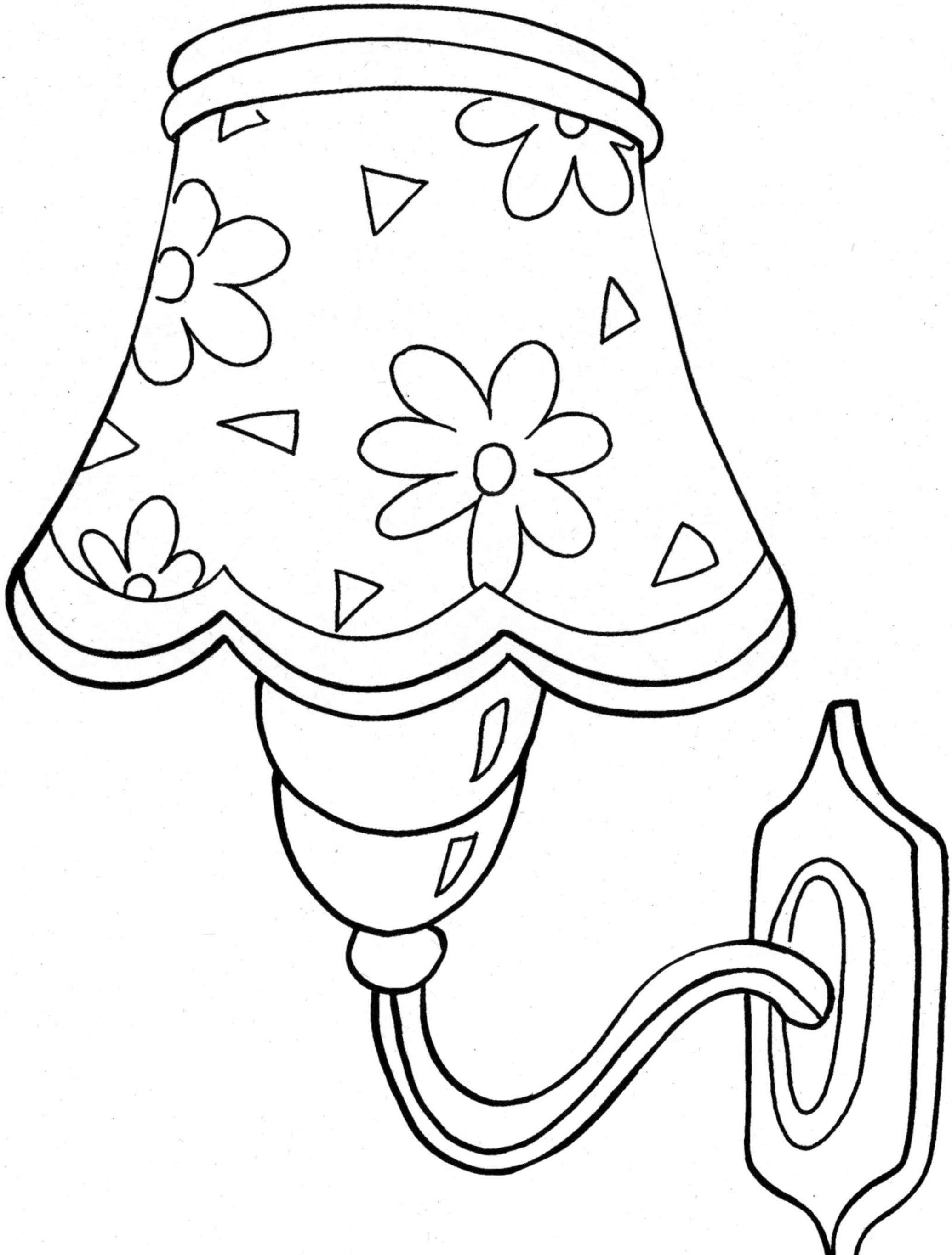

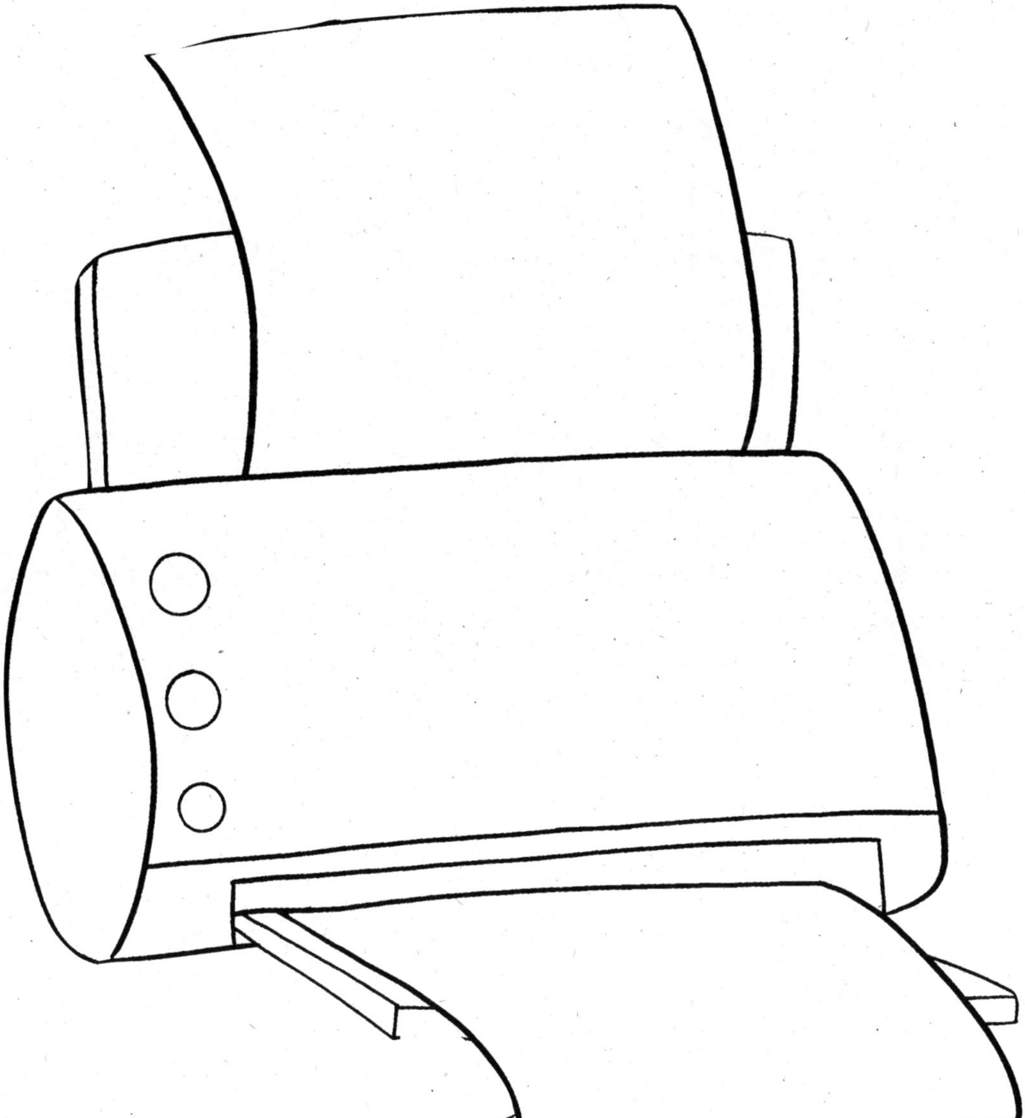

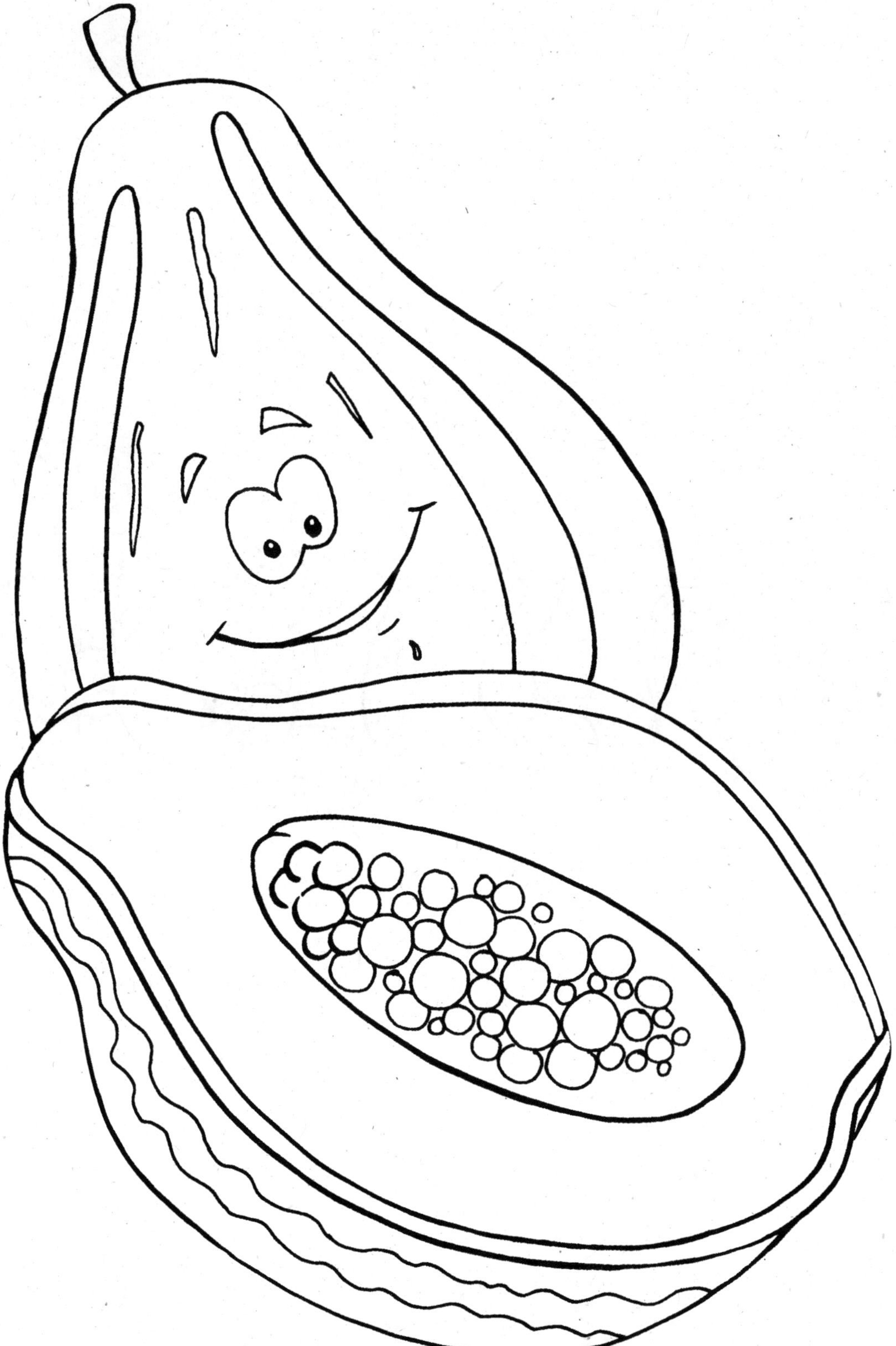

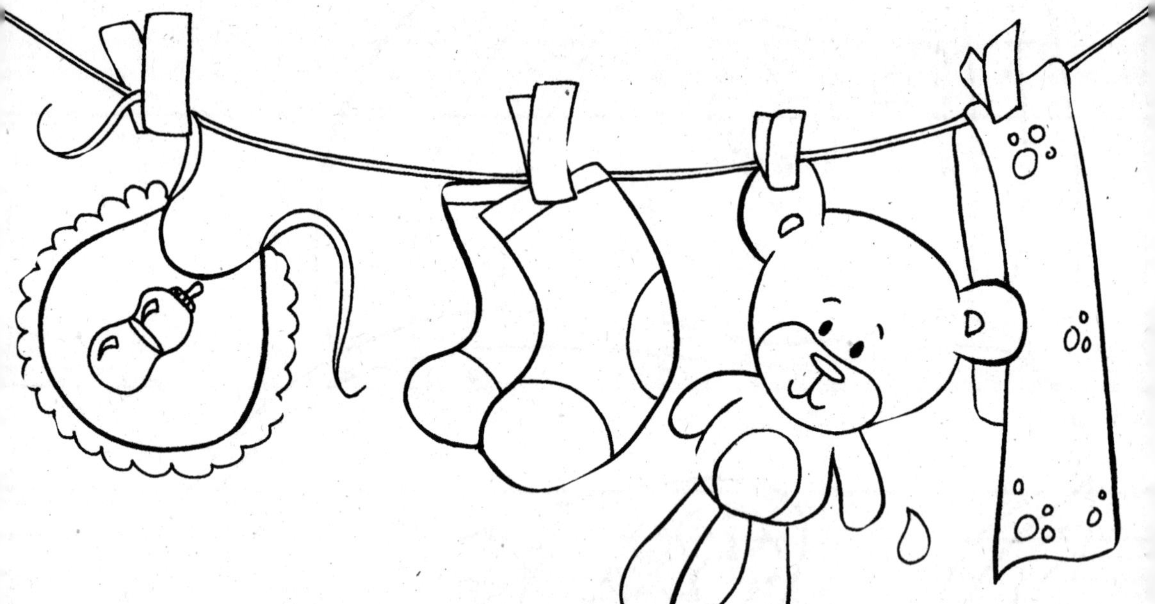

A
D
C

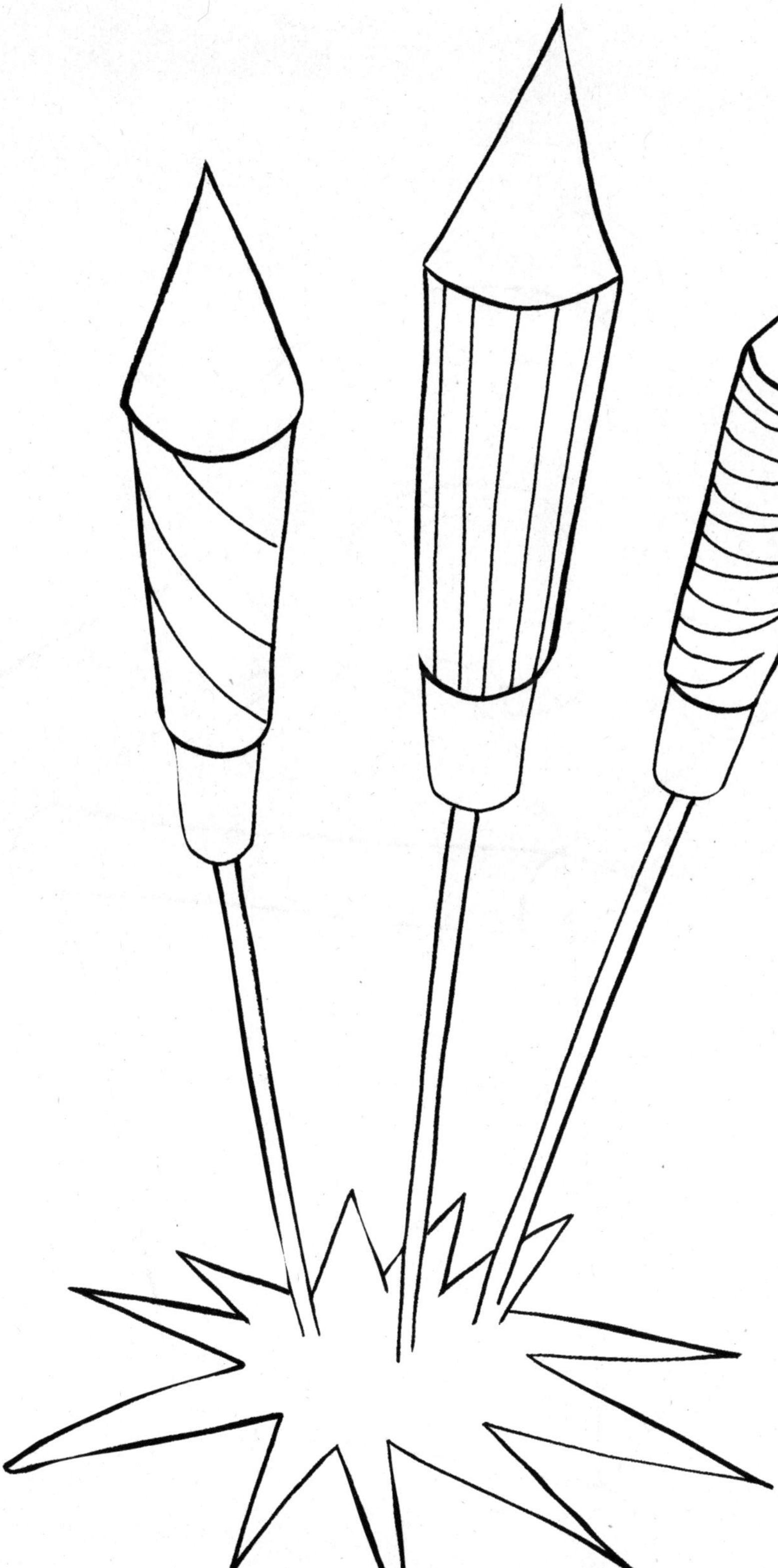

JAM

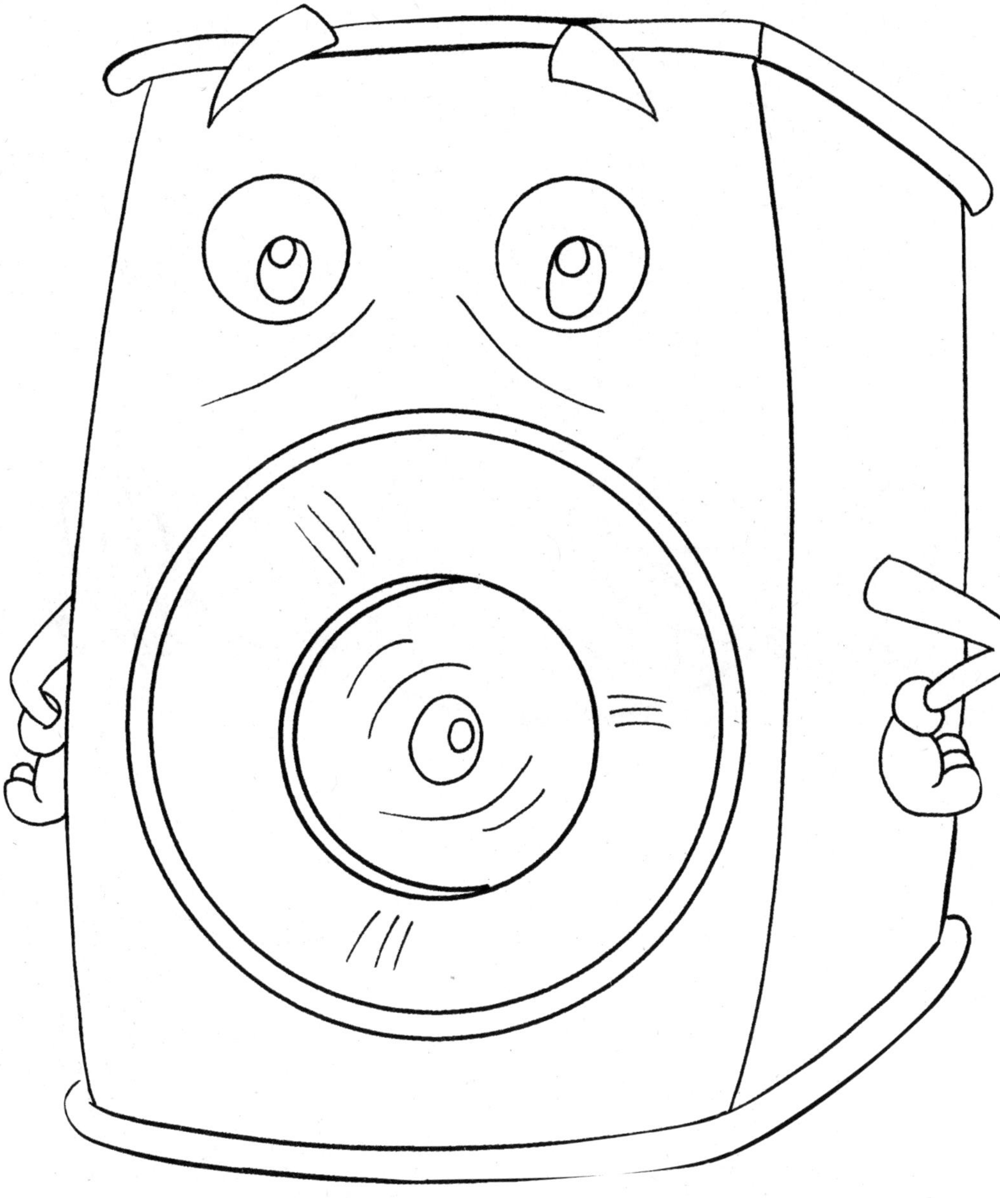

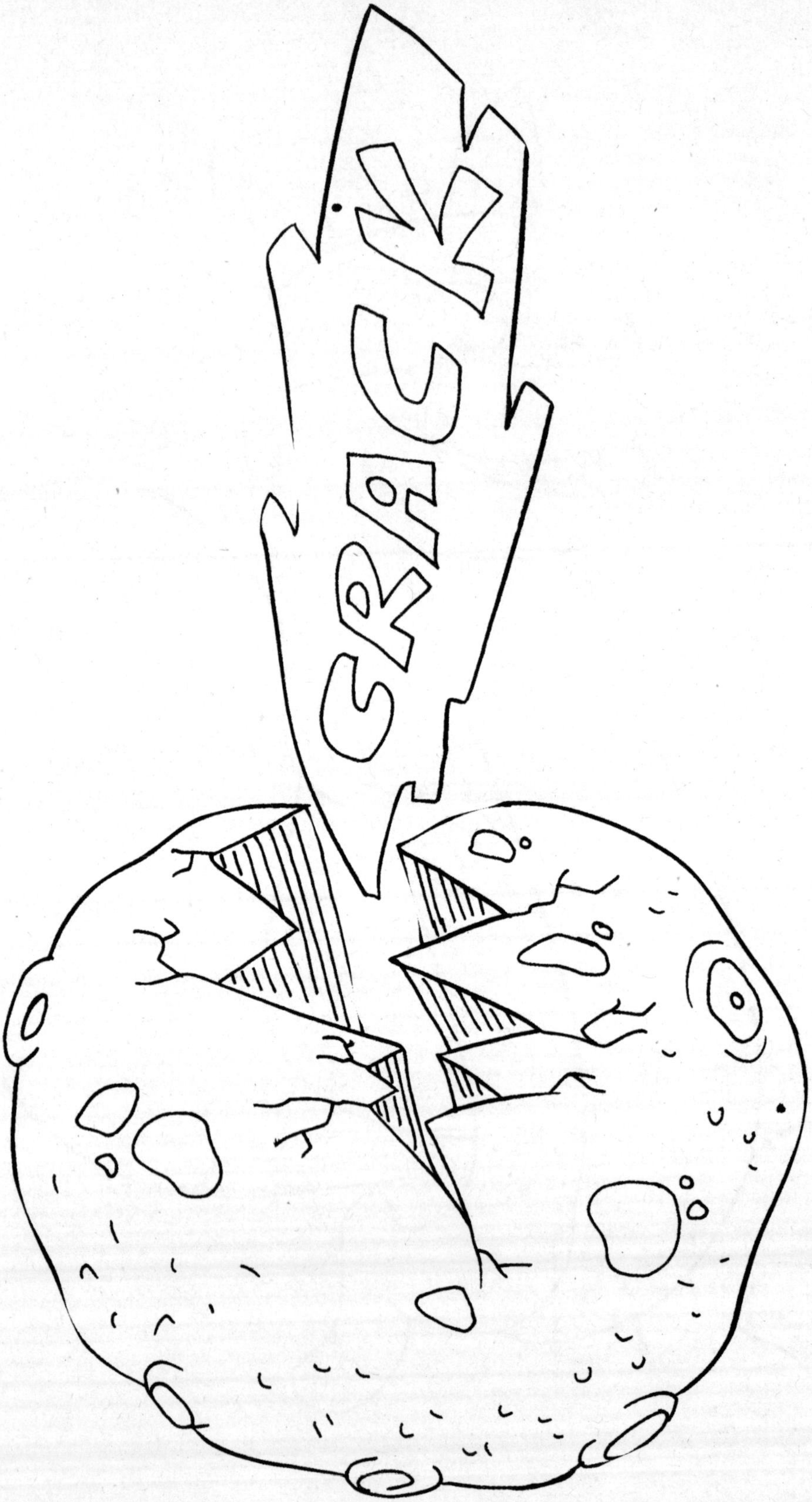
CRACK!

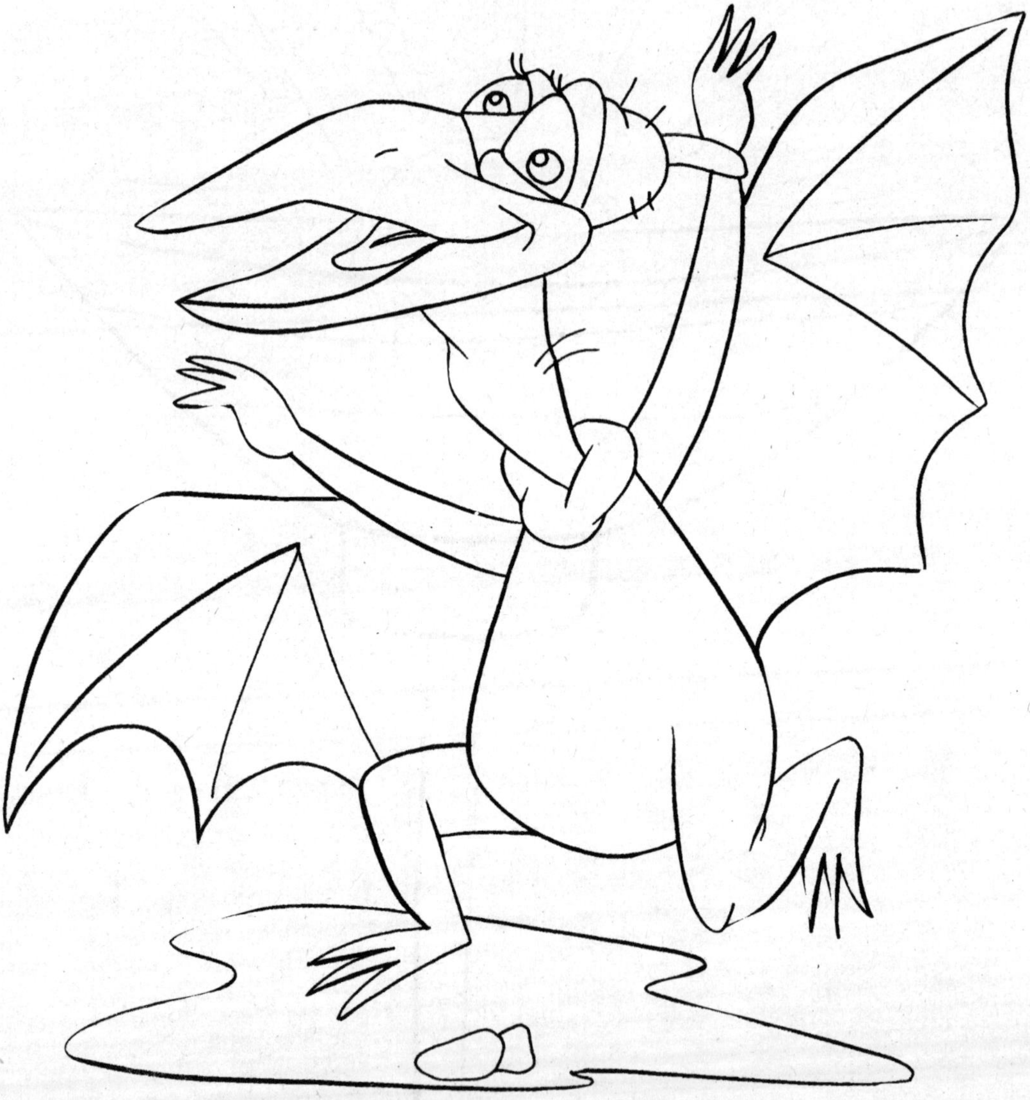

WANTED

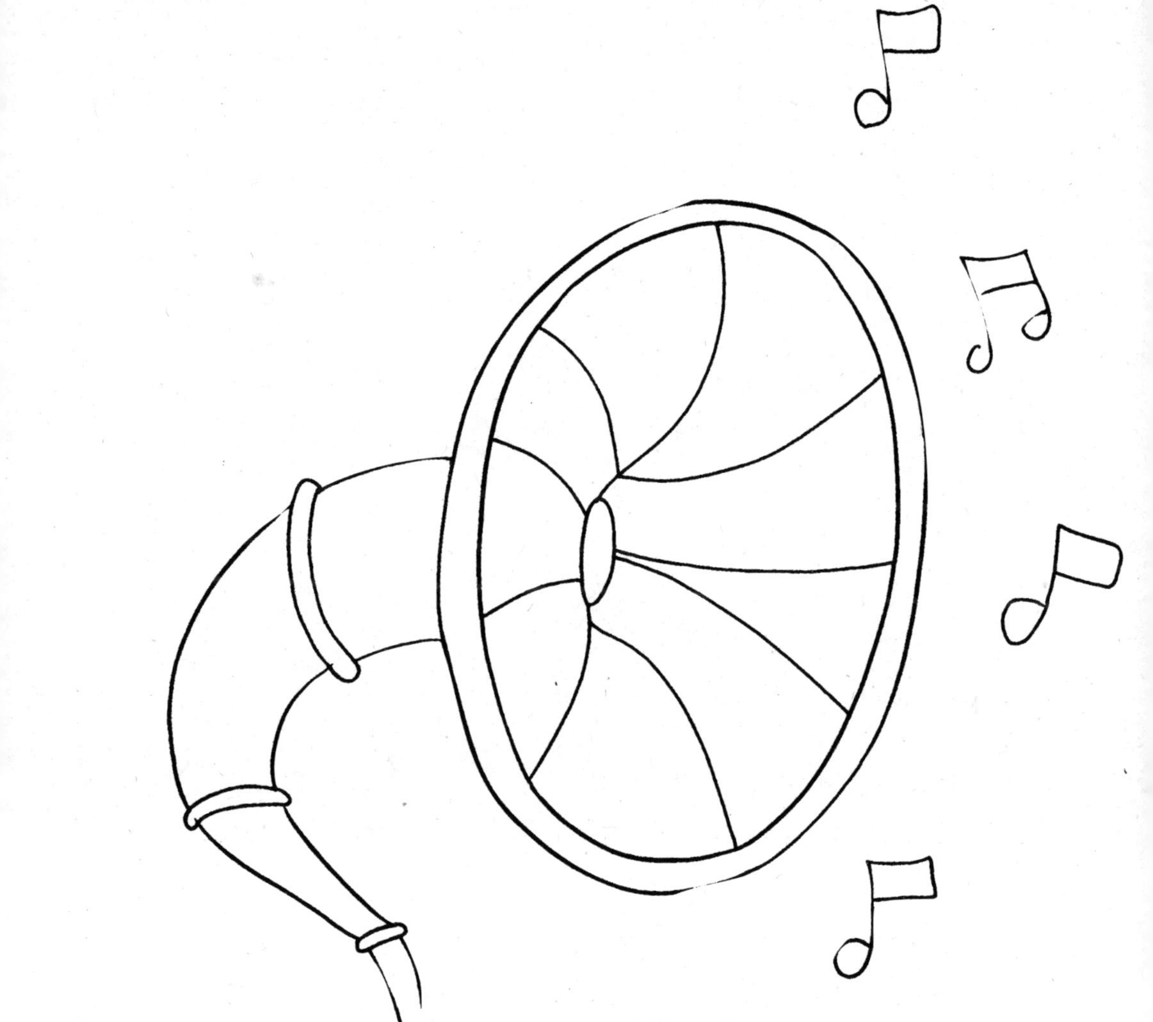

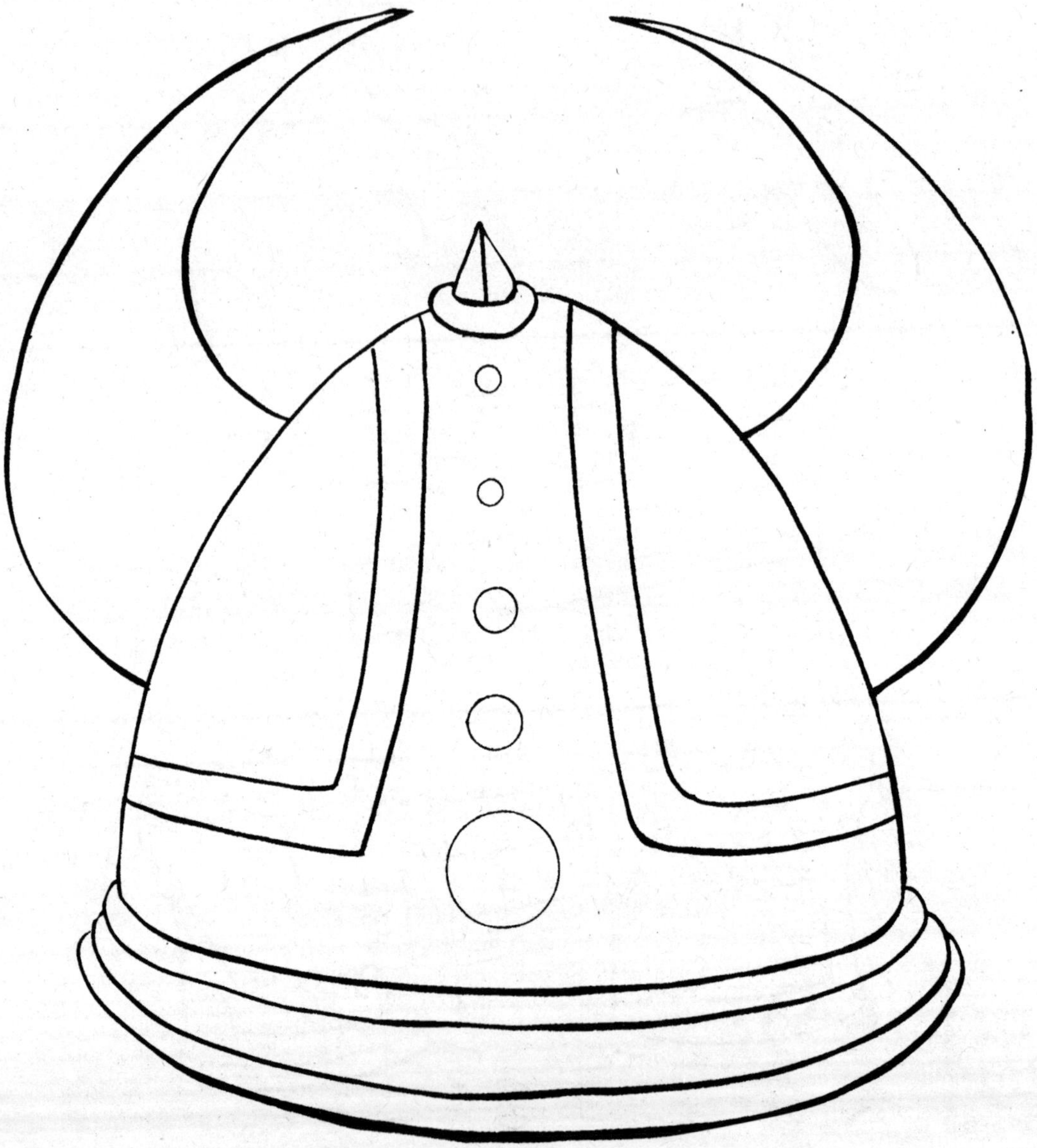

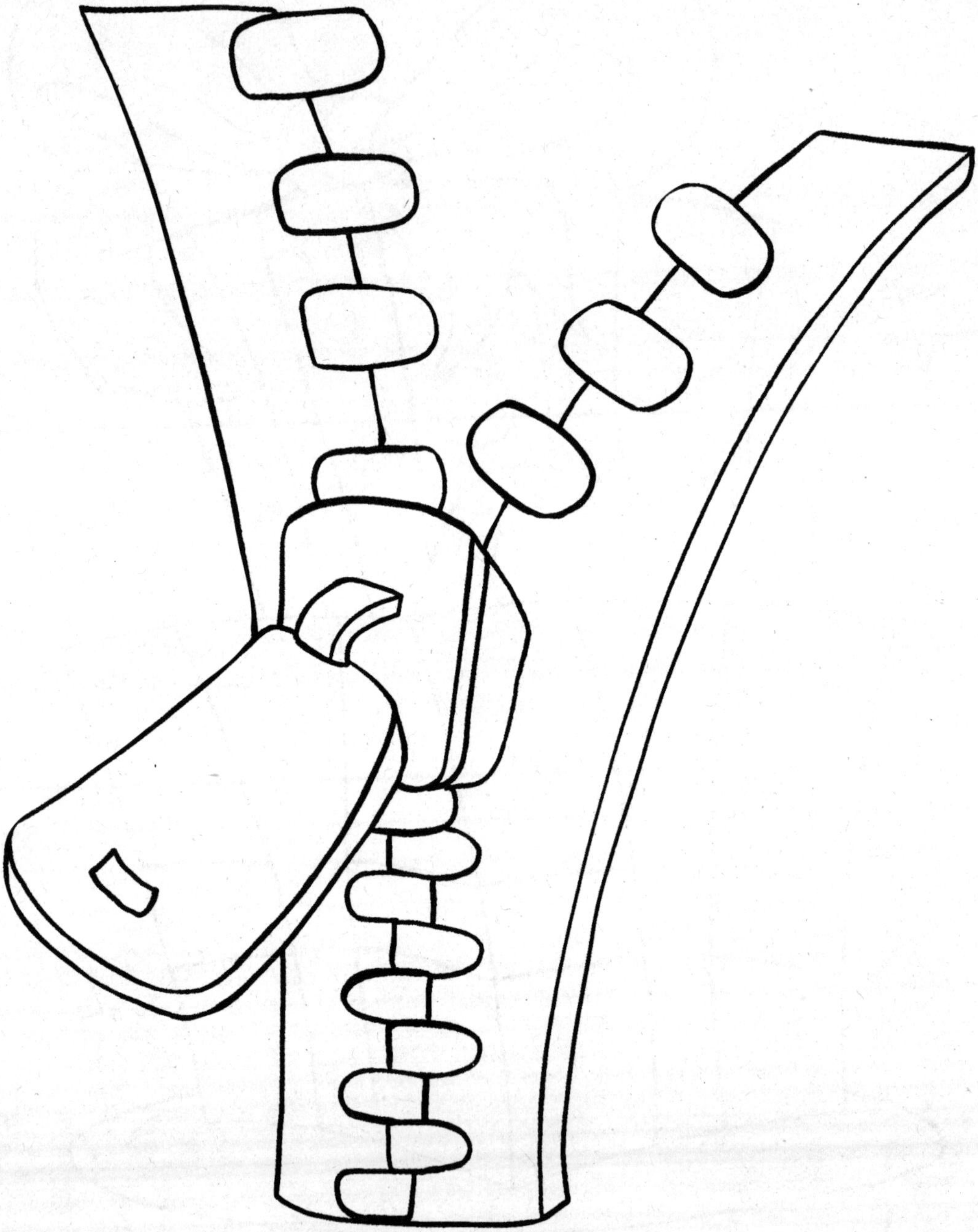

U

DOG

12

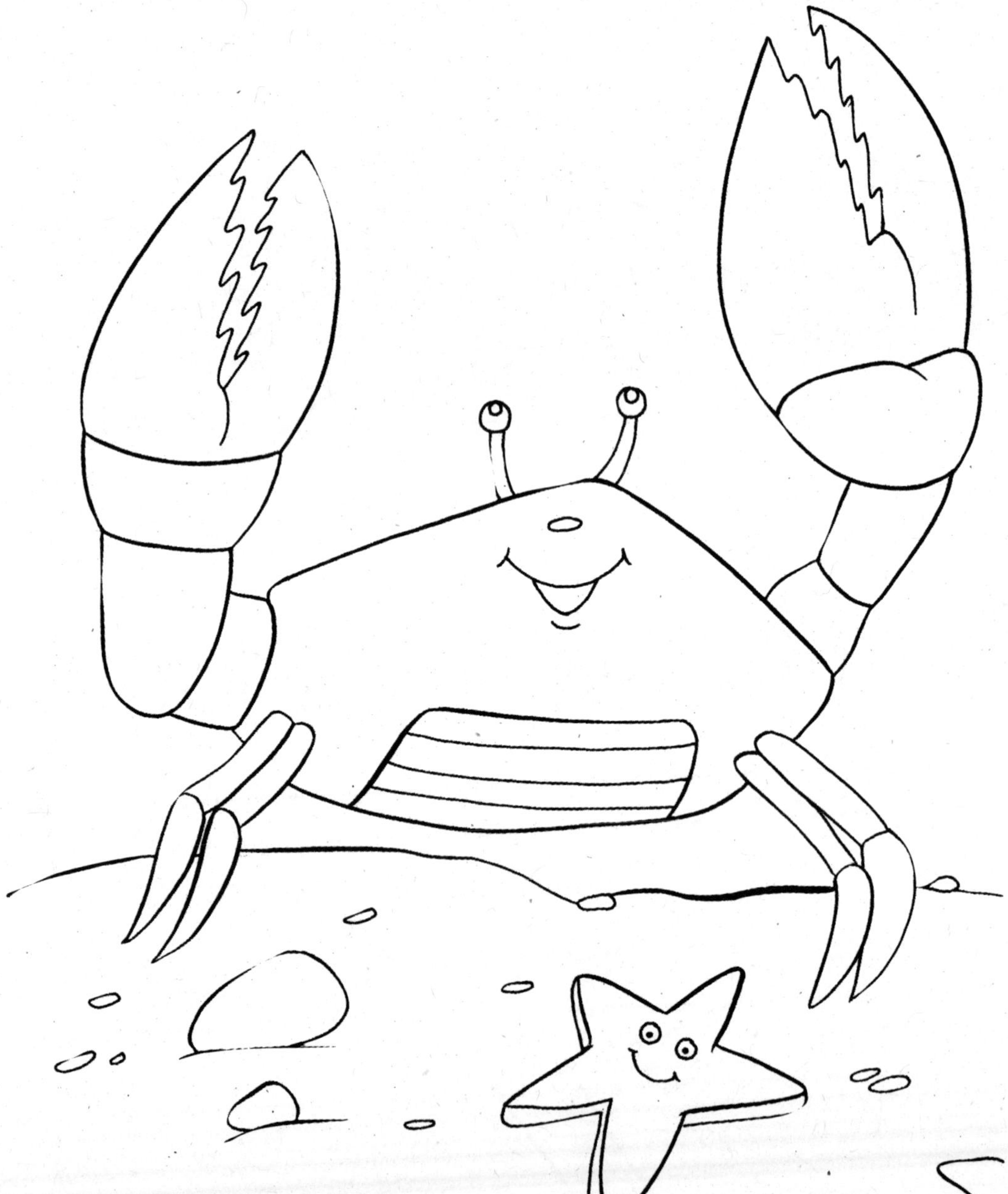

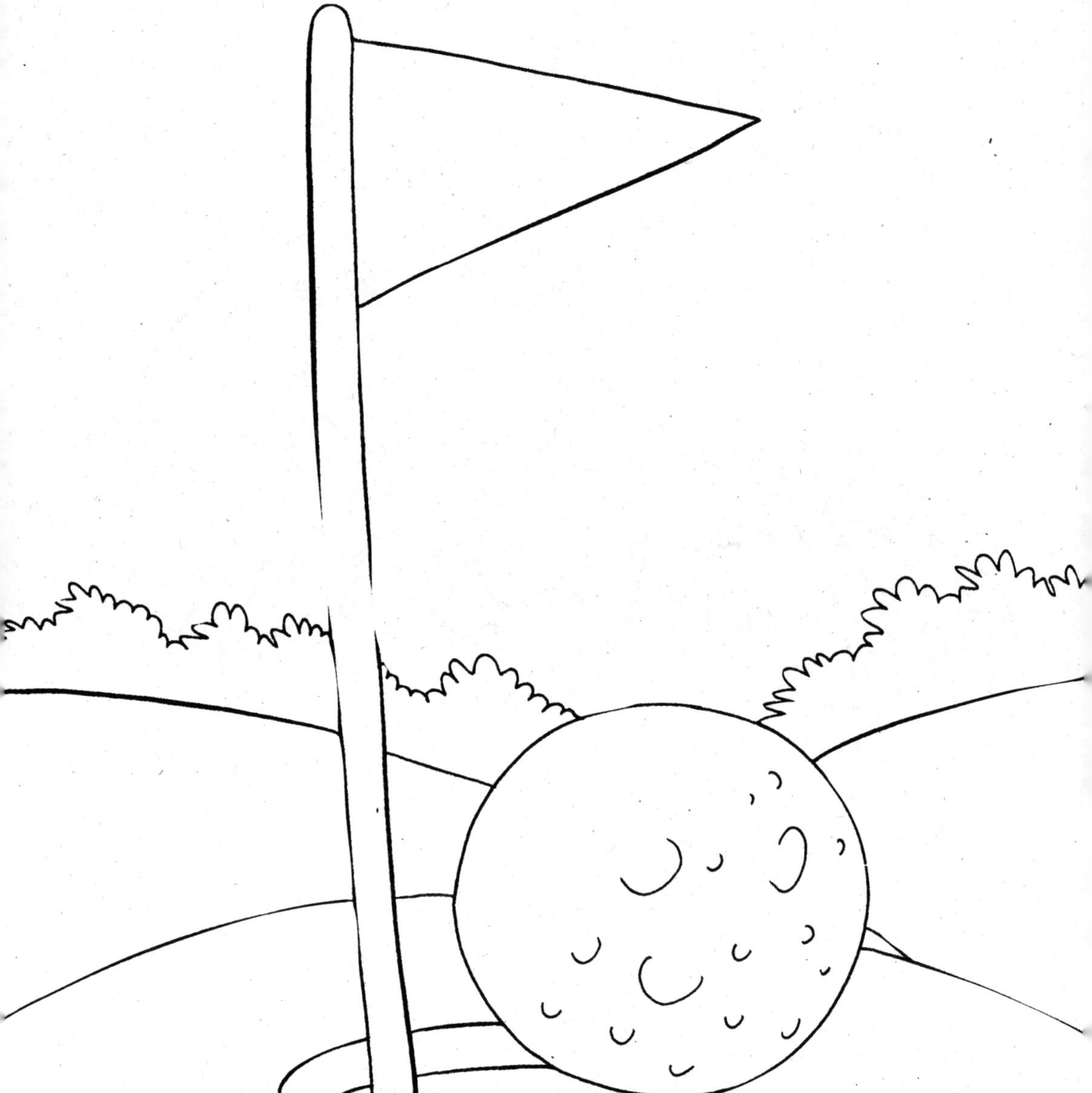

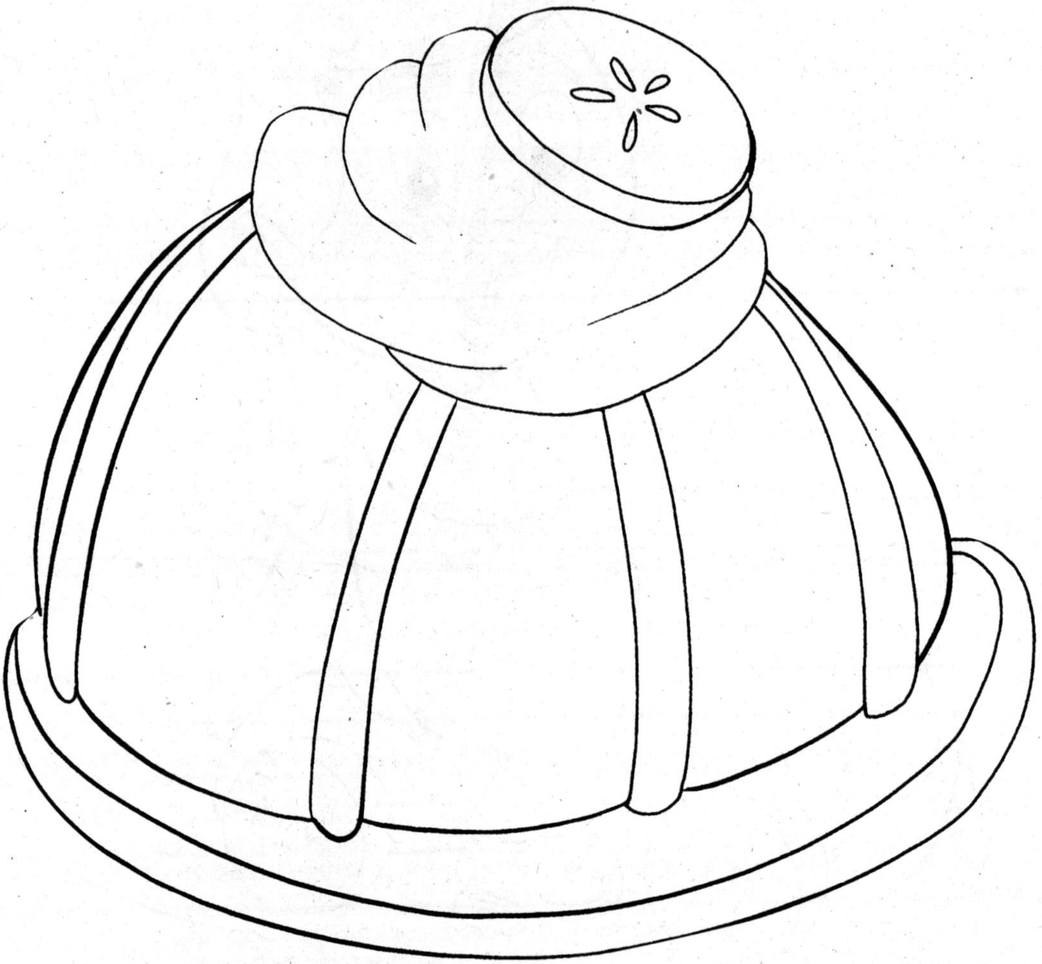

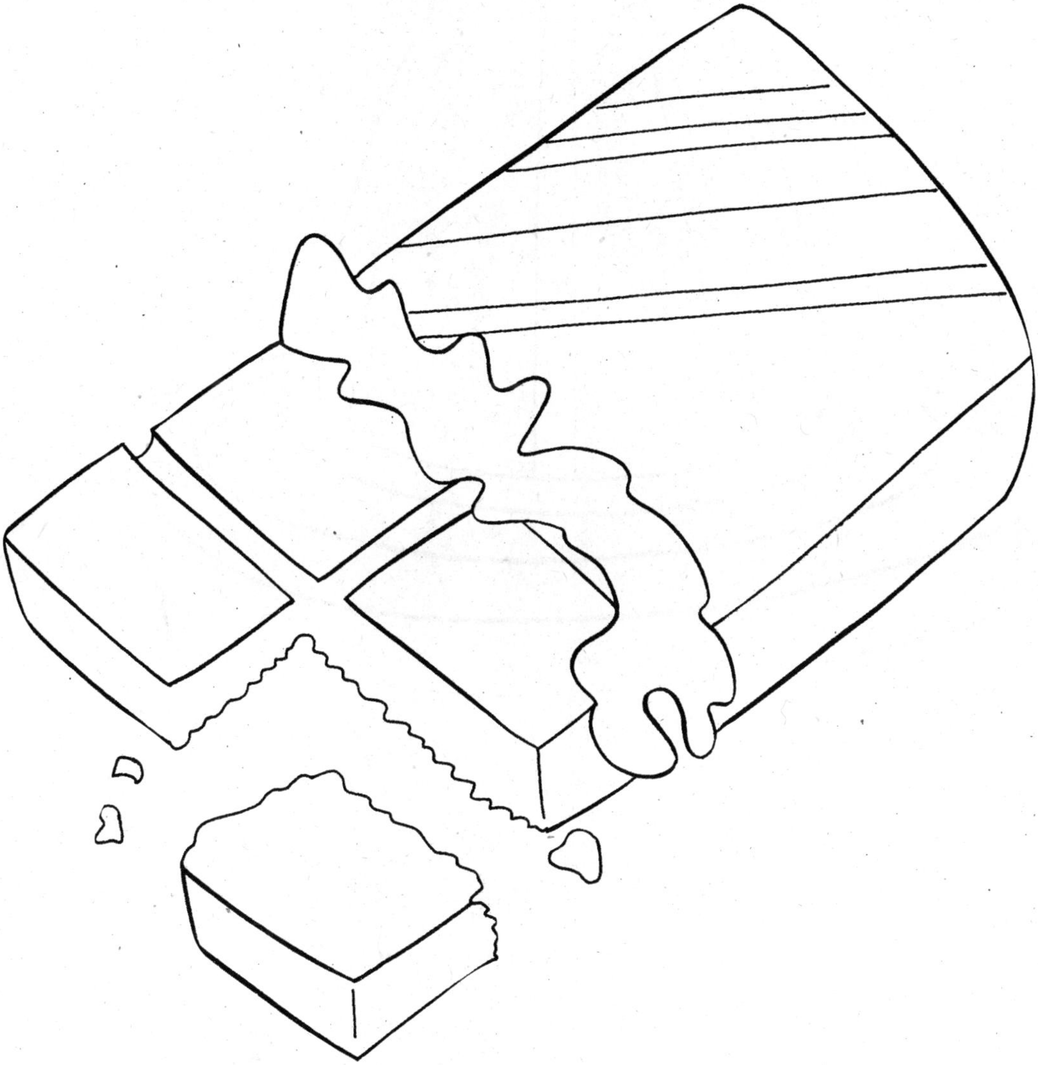

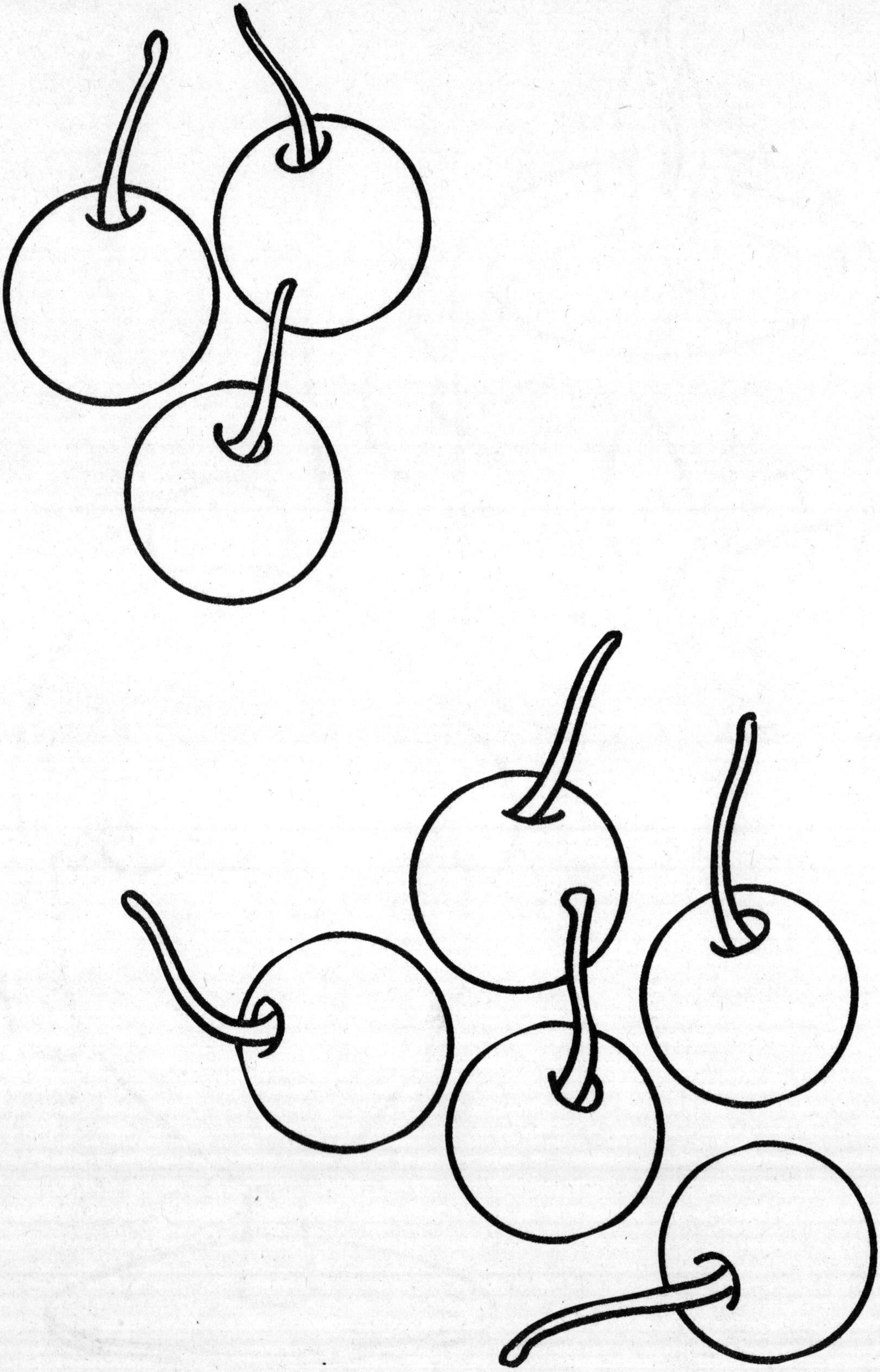

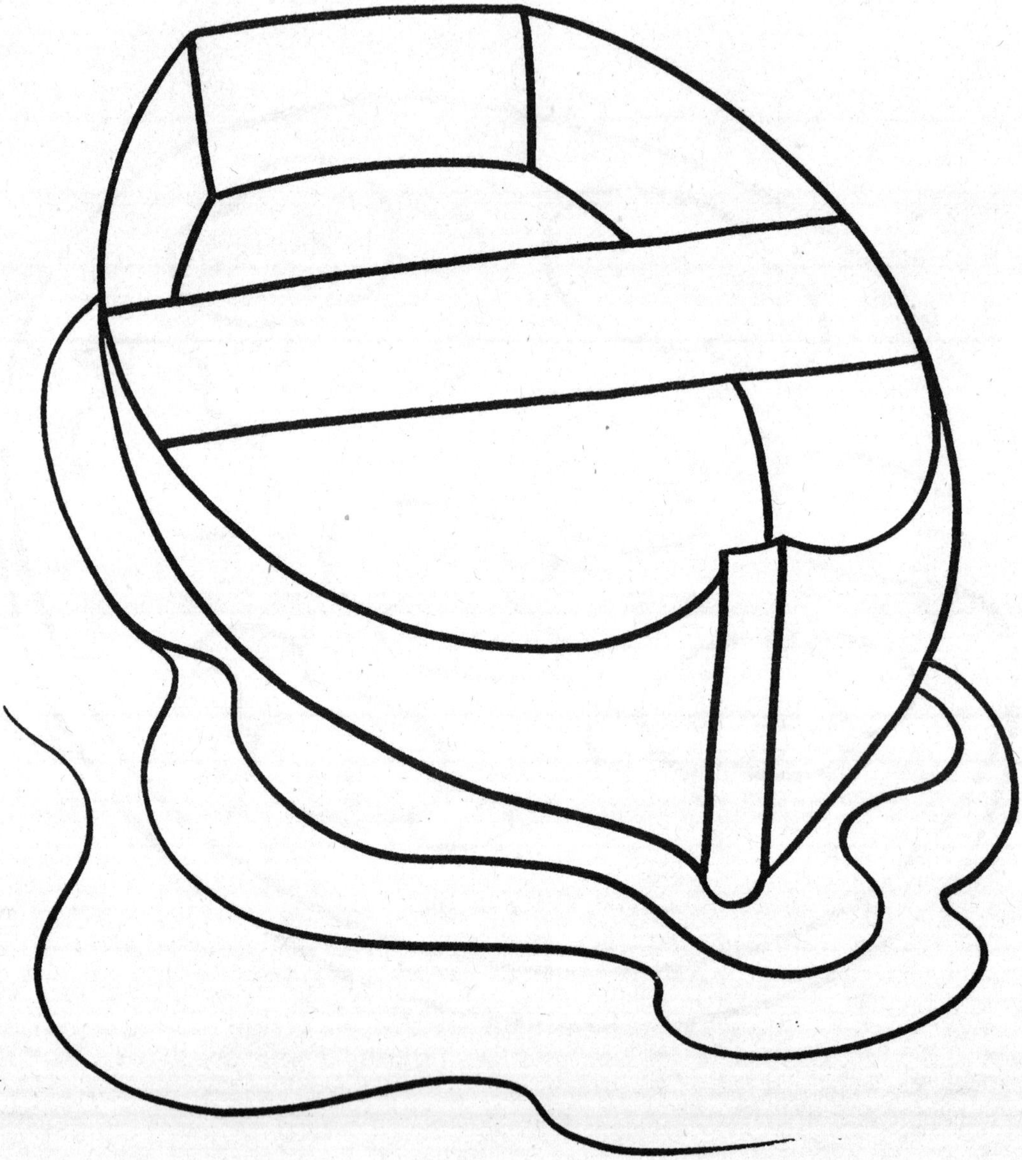

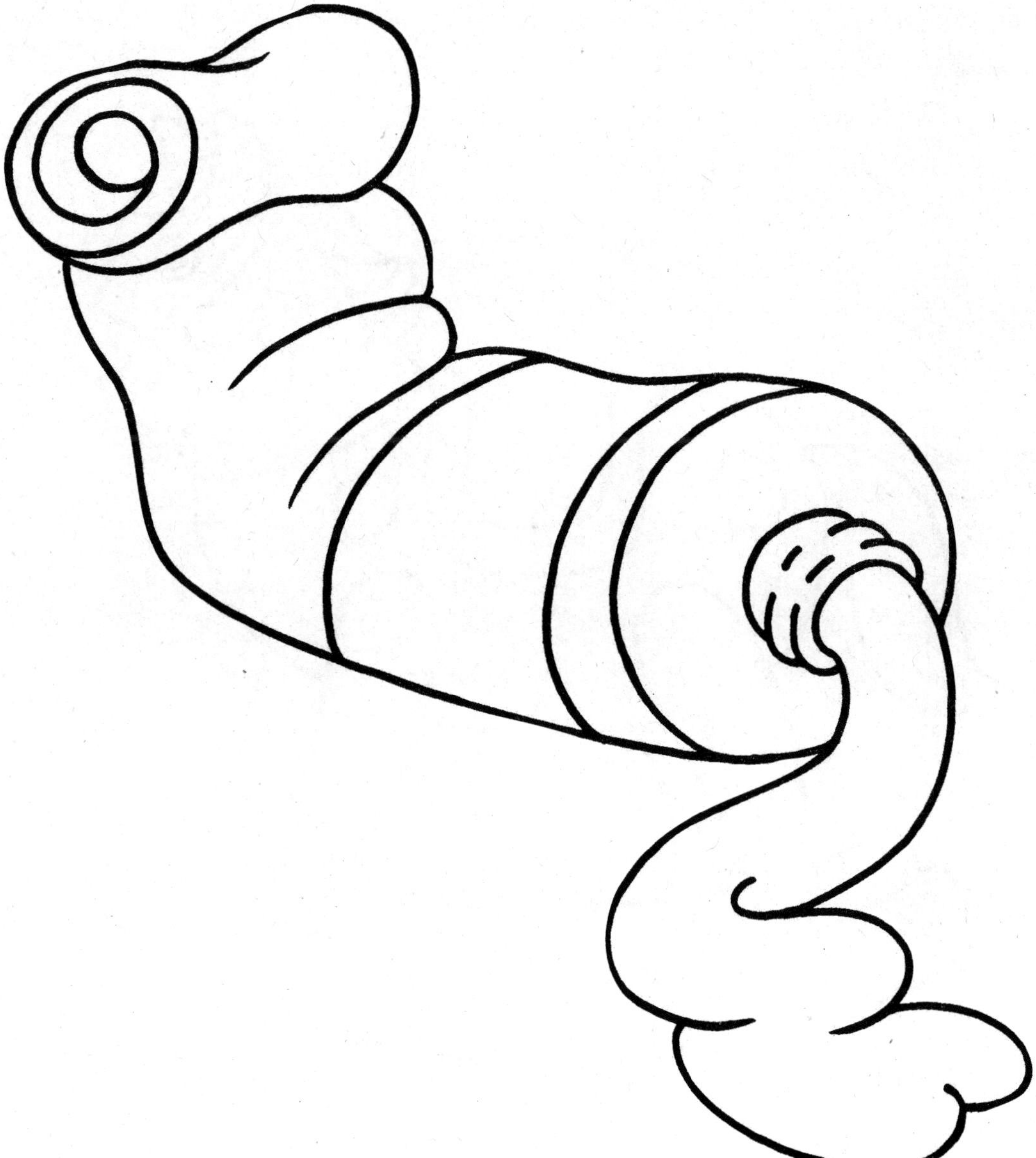

12
1
2
3
4
5
6
7
8
9
10
11

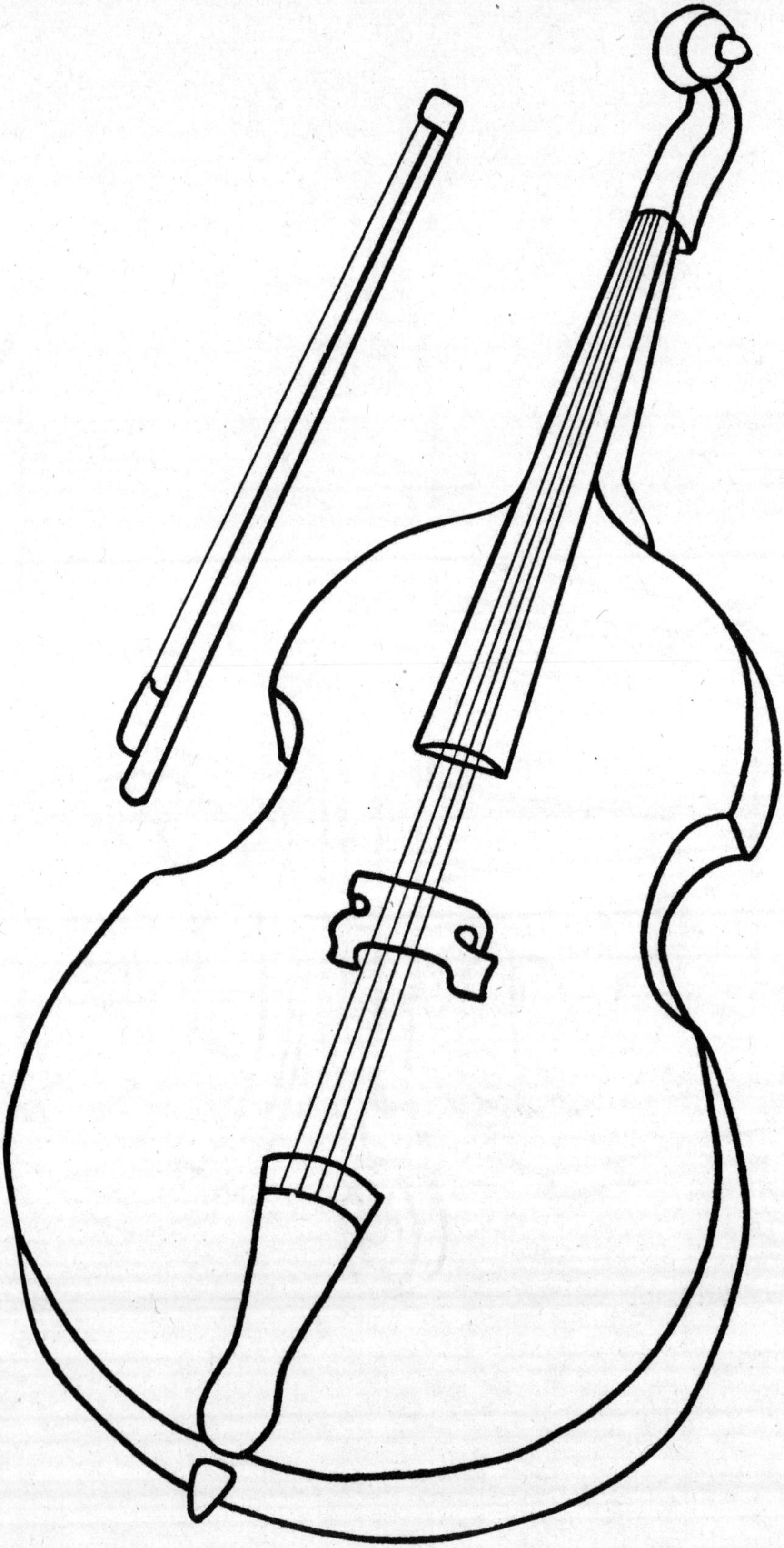

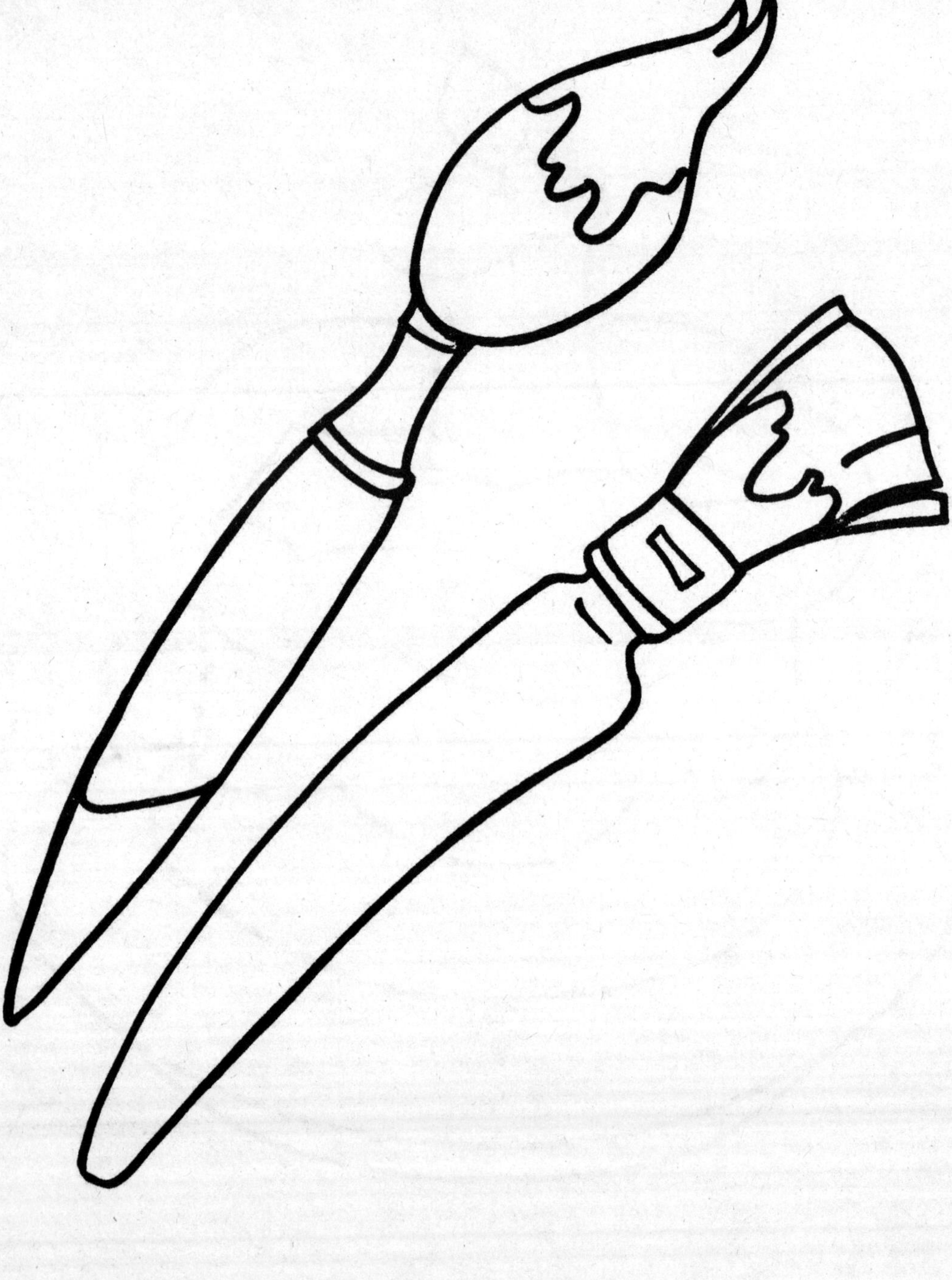

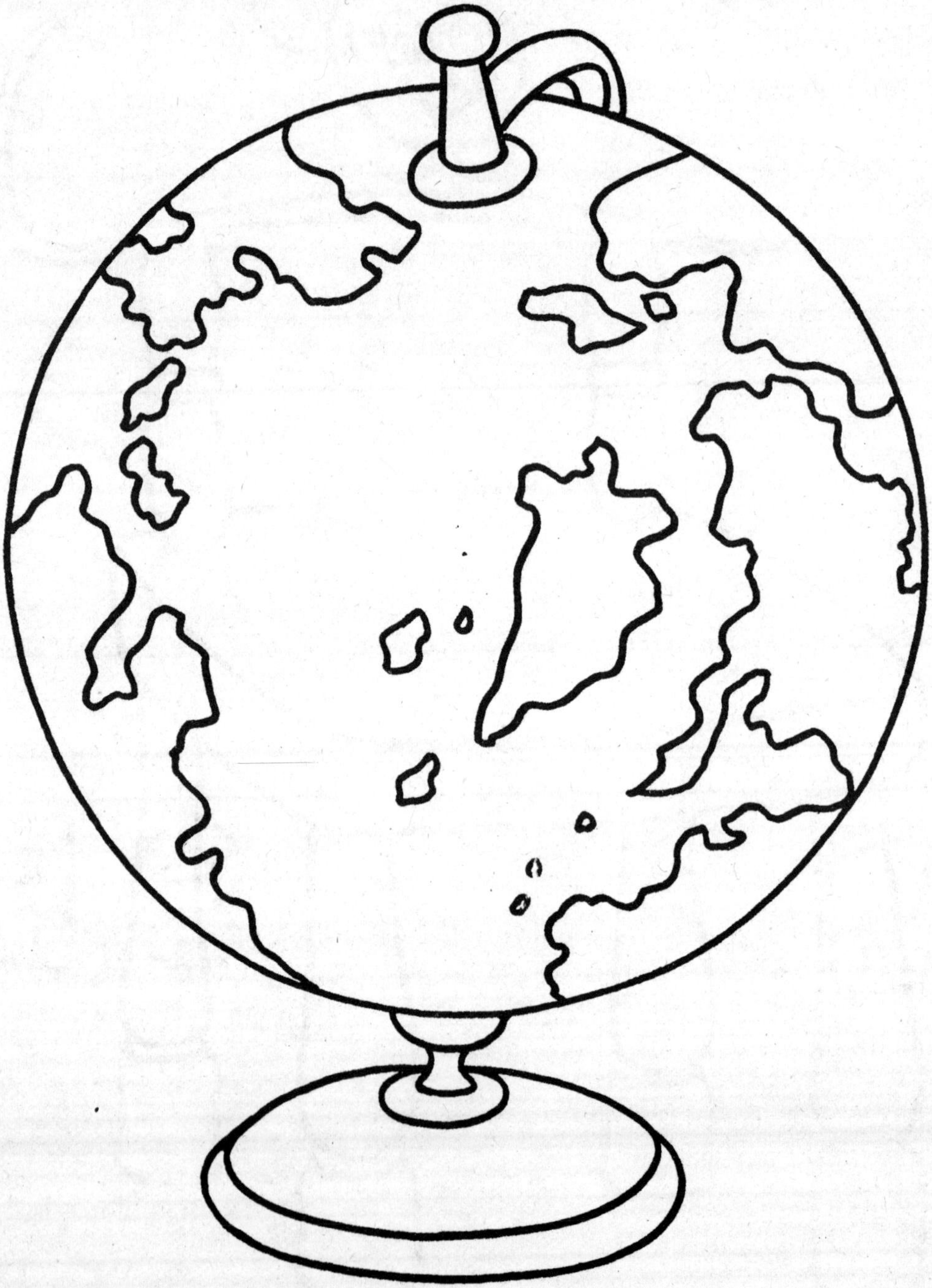

Thank you.

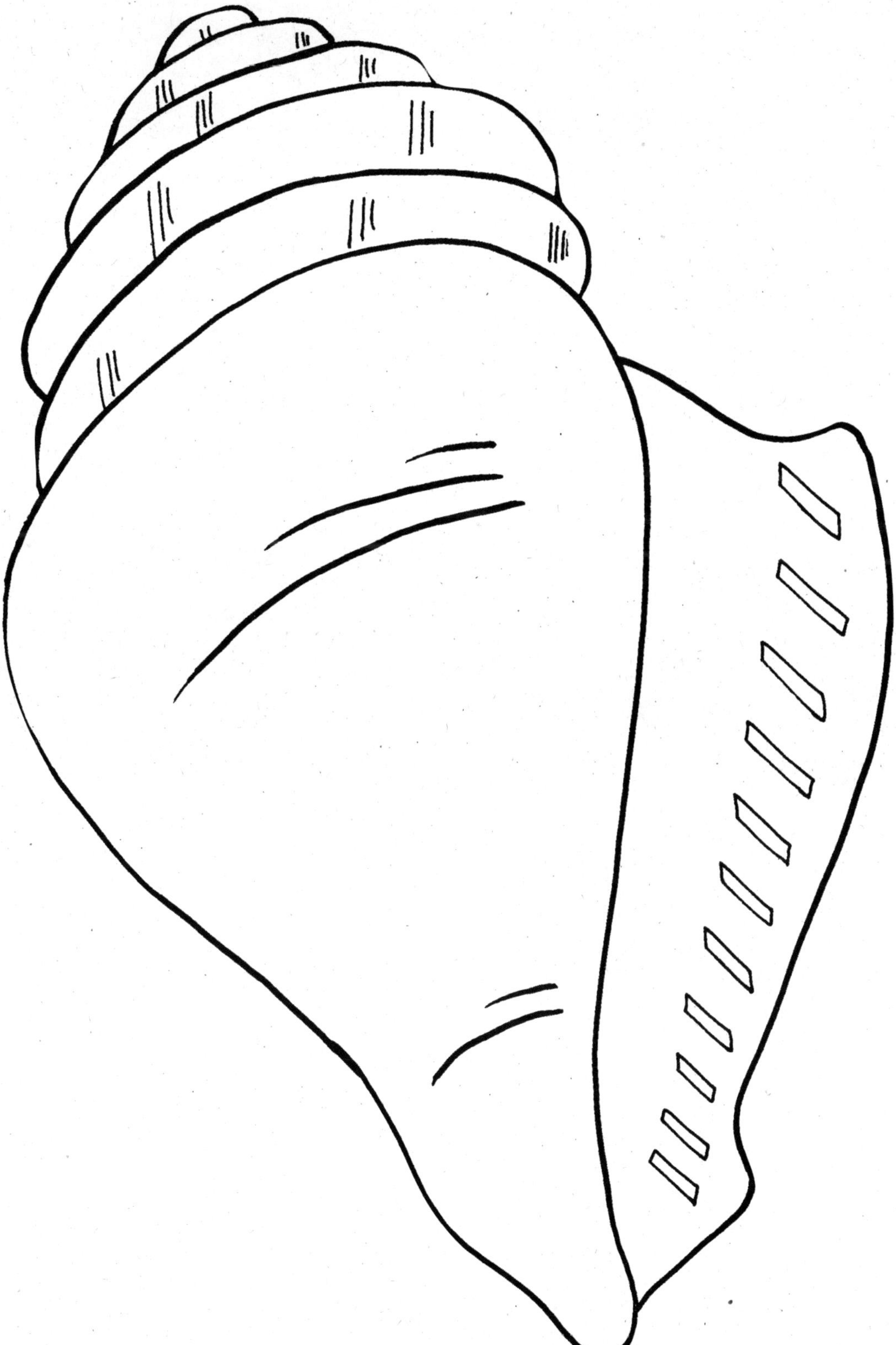

1 2 3 4 5 6 7
8 9 10 11 12 13 14
15 16 17 18 19 20 21
22 23 24 25 26
27 28 29 30 31
FEB

May I Come in?

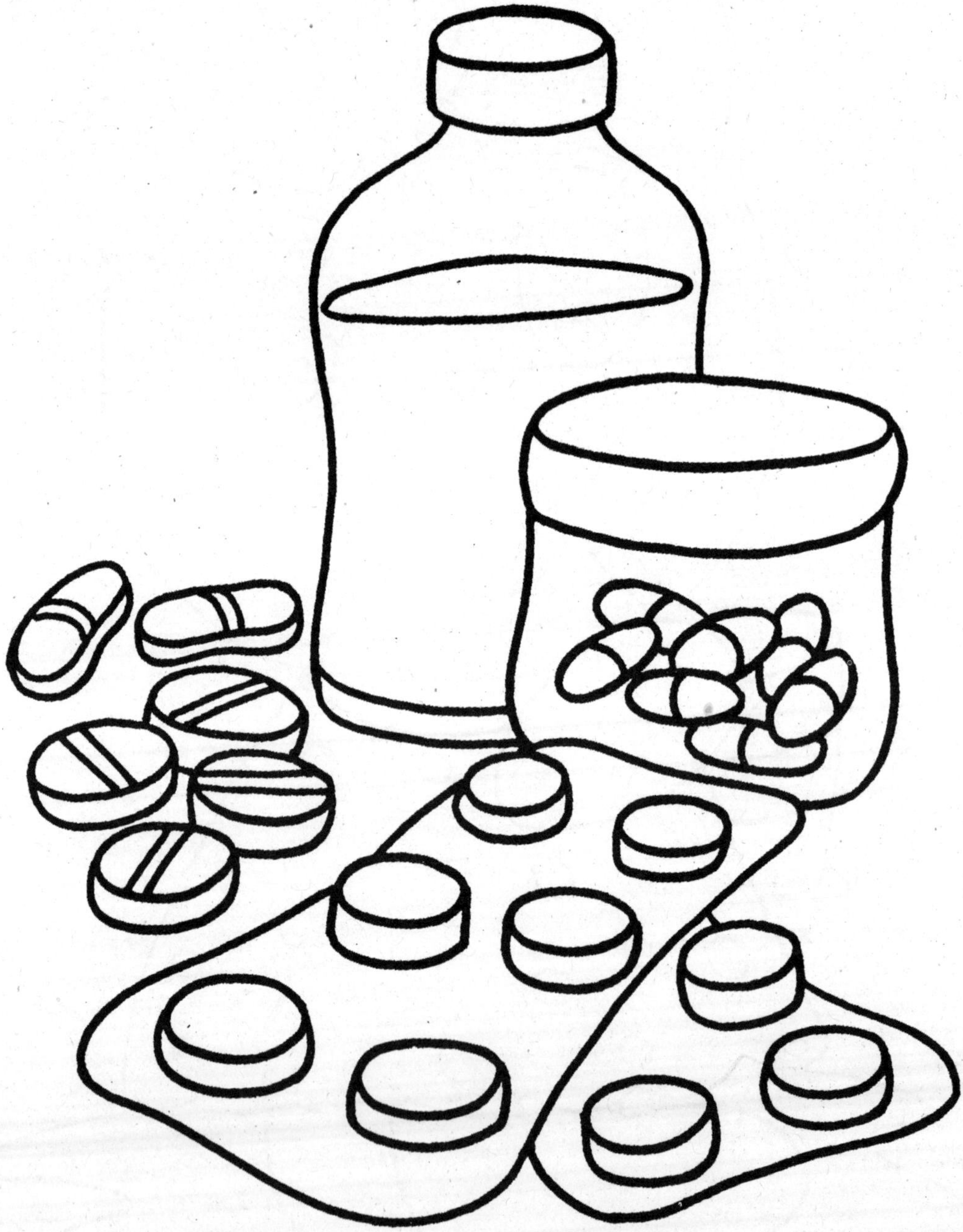

Lets keep our
Surrounding clean

Info
Zoo

BOO!

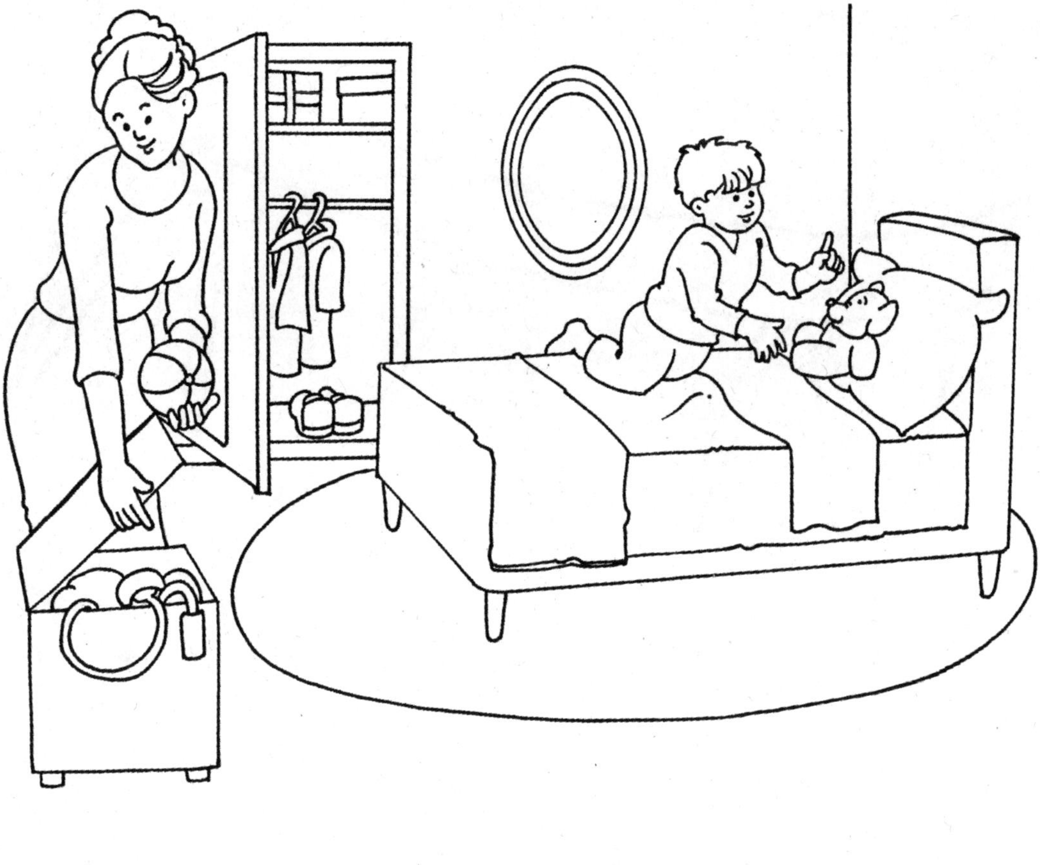

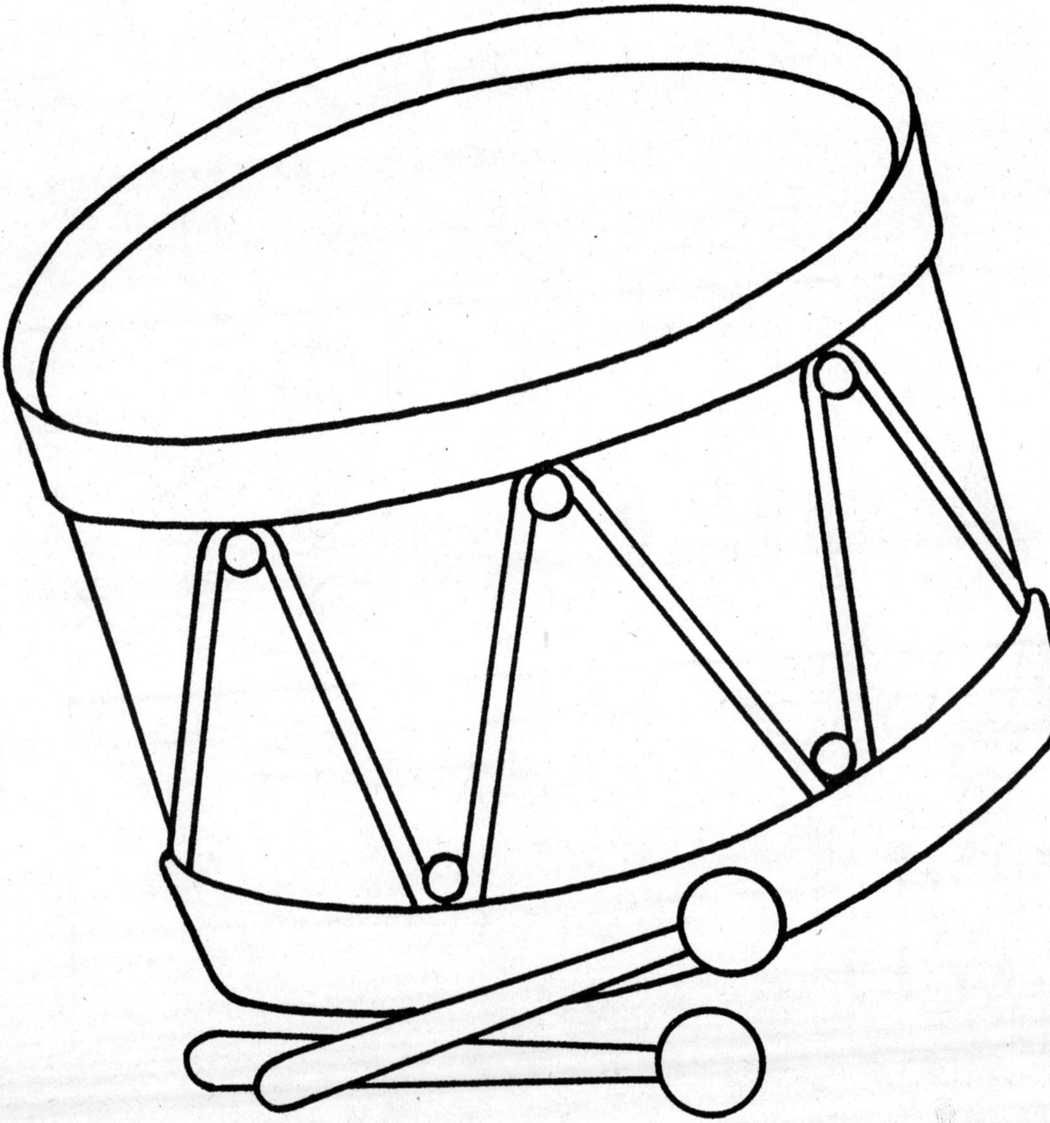

I am Sorry

6
1

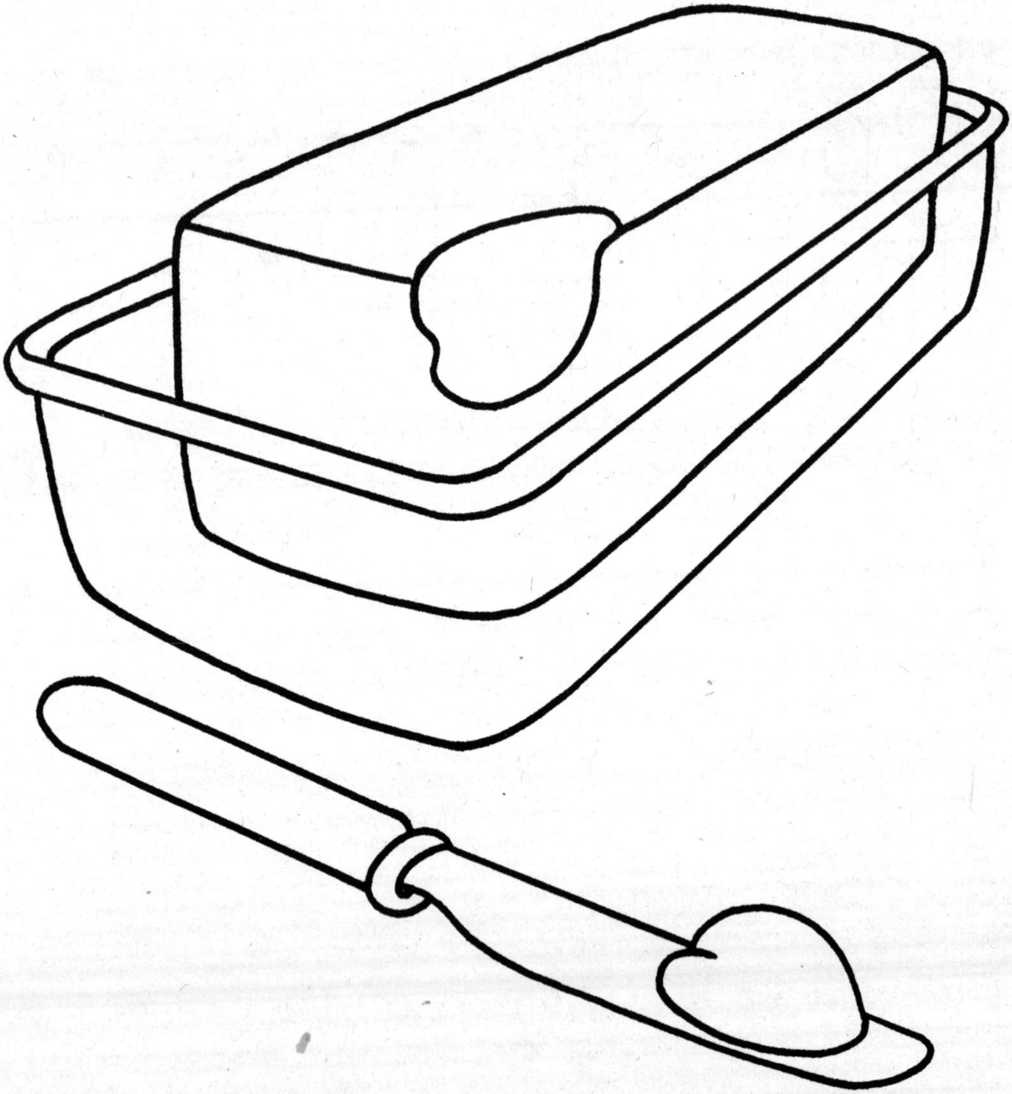

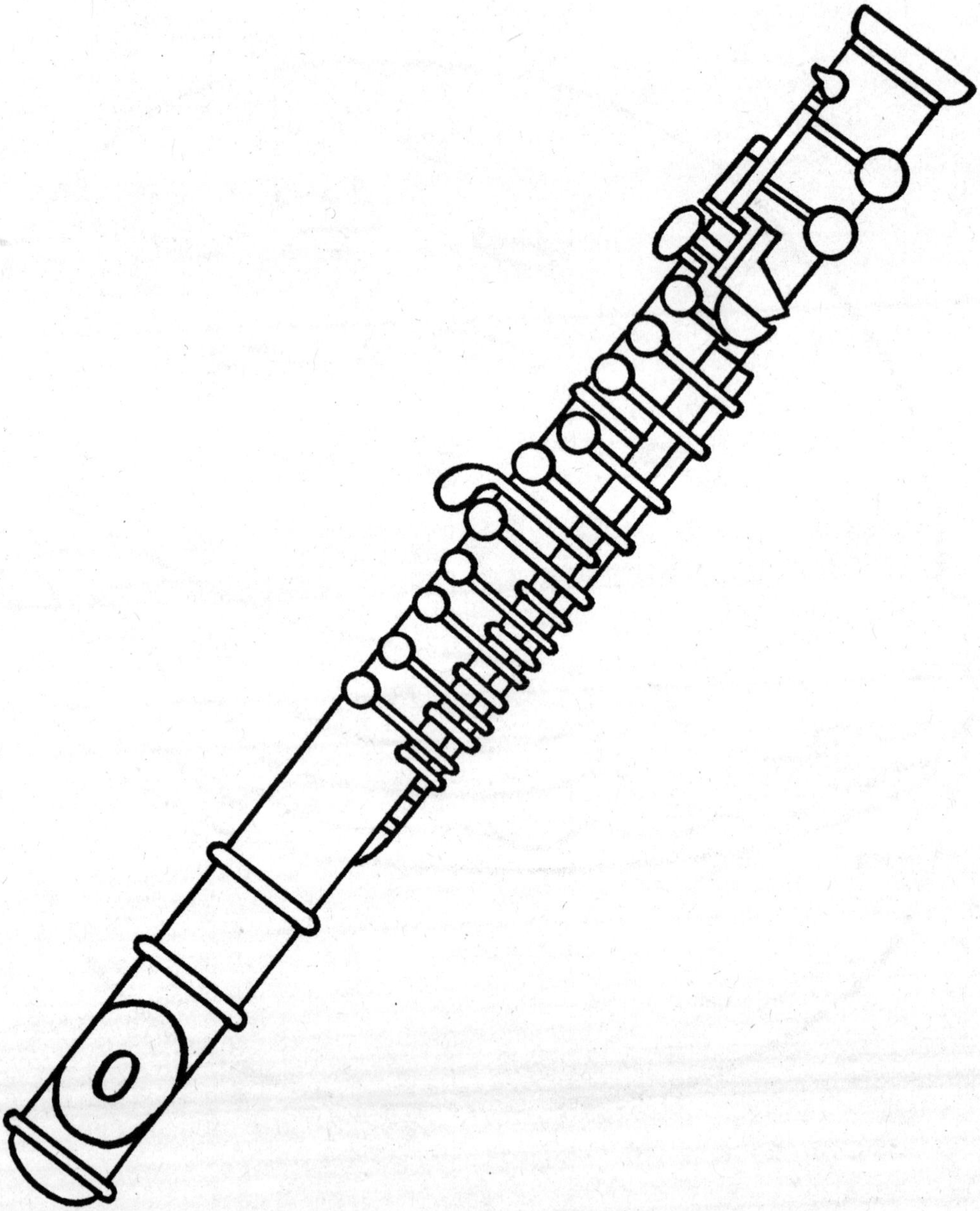

7

FIRE STAT

A
B
A
ANT
C
D
A
T
S
A

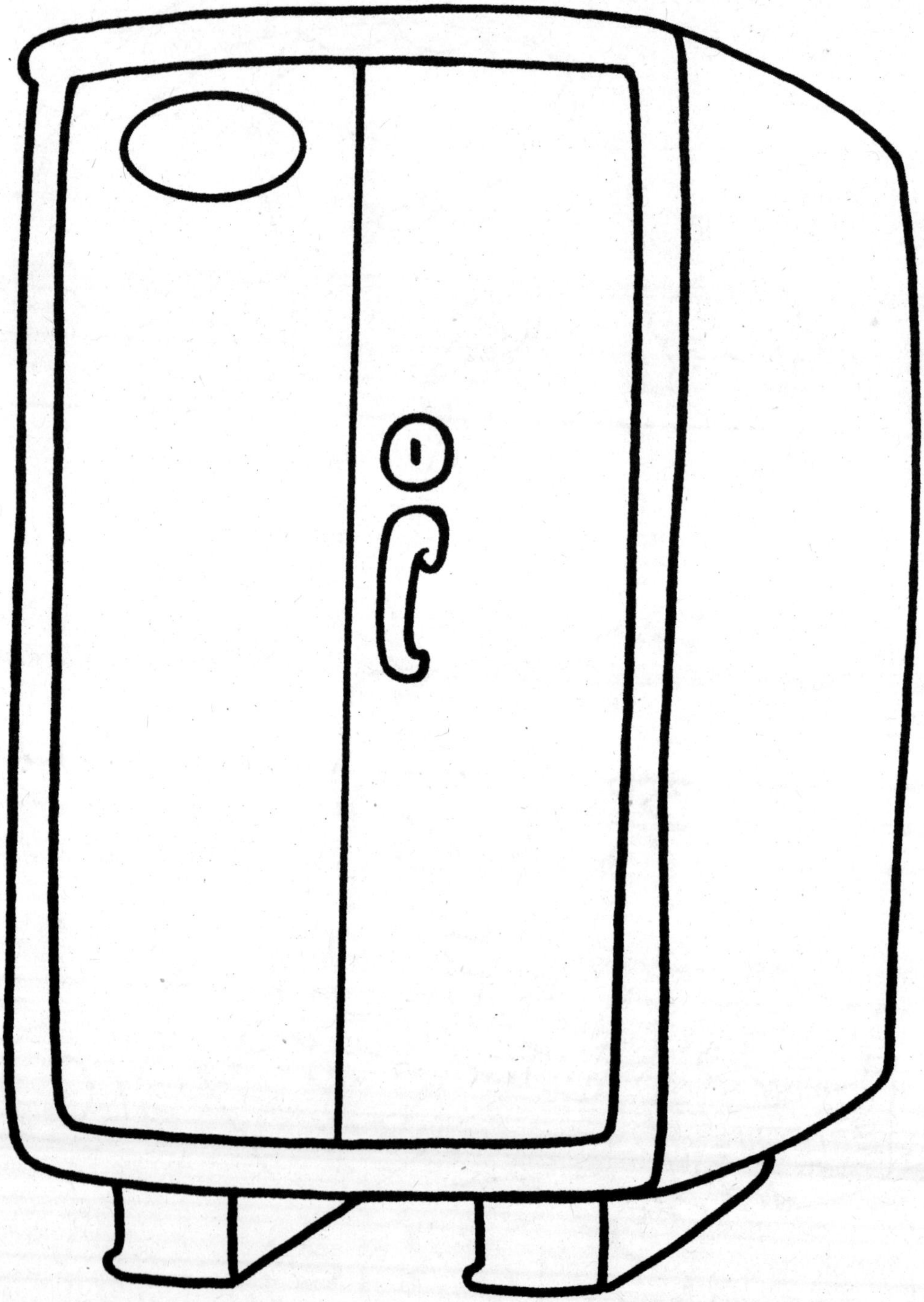

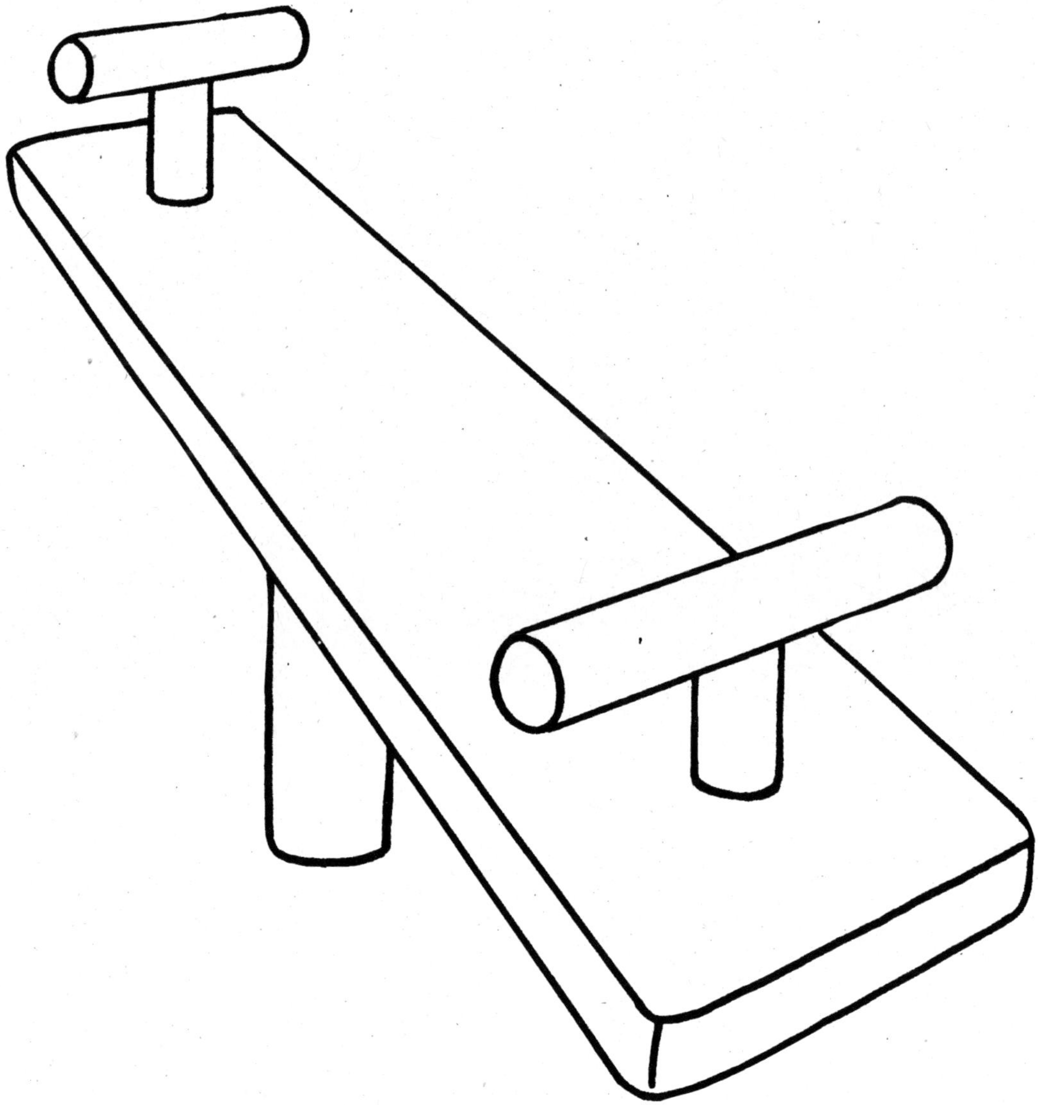

12
3
6
9
OXII
XIOI

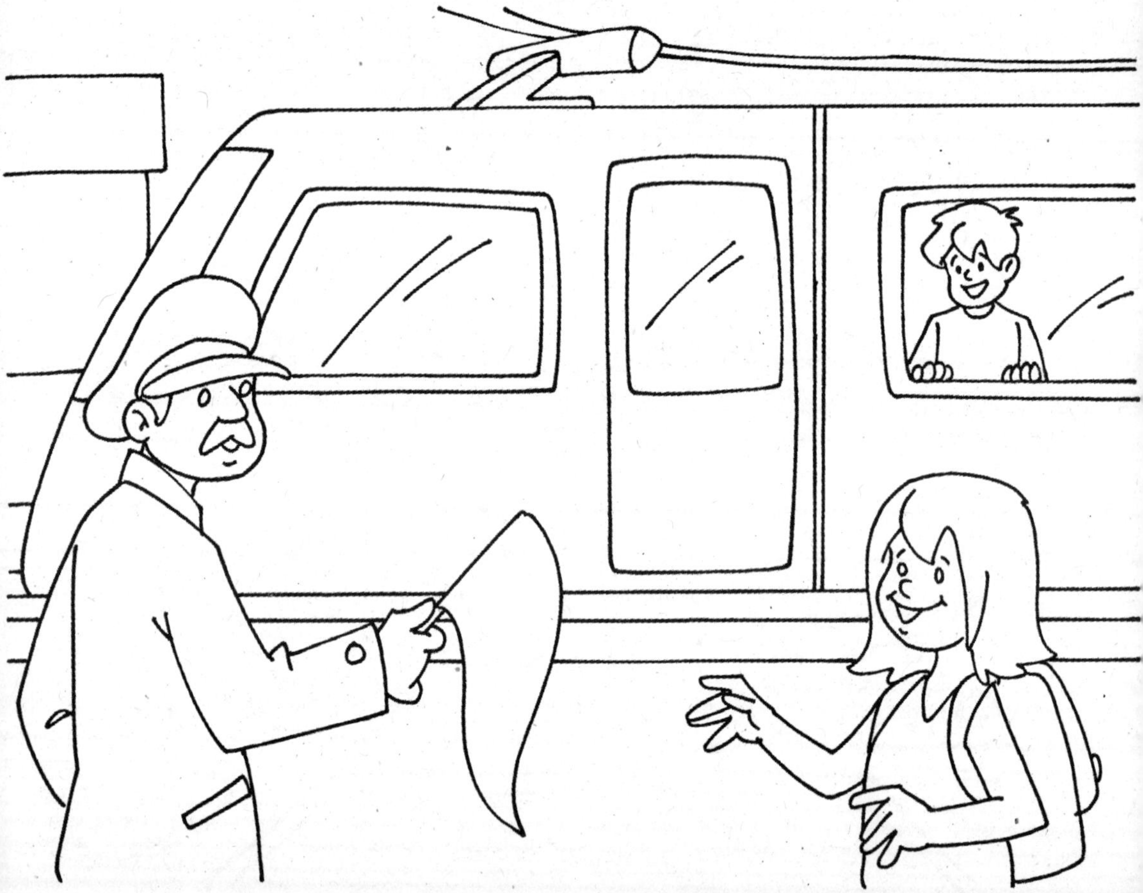

2009
JANUARY
Su 5 12 19 26
Ma 6 13 20 27
Tu 7 14 21 28
We 1 8 15 22 29
Th 2 9 16 23 30
Fri 3 10 17 24 31
Sat 4 11 18 25

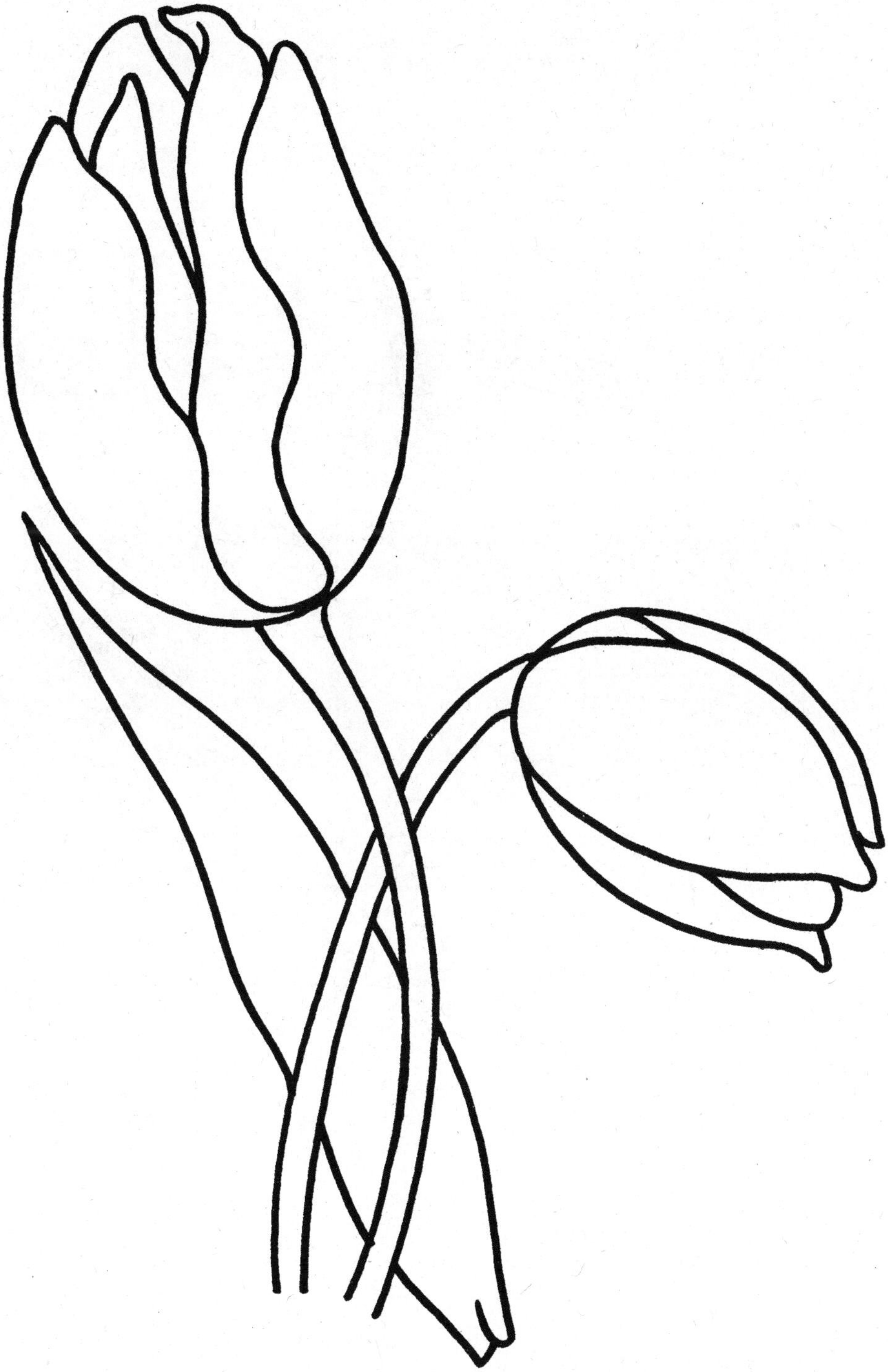

USE ME

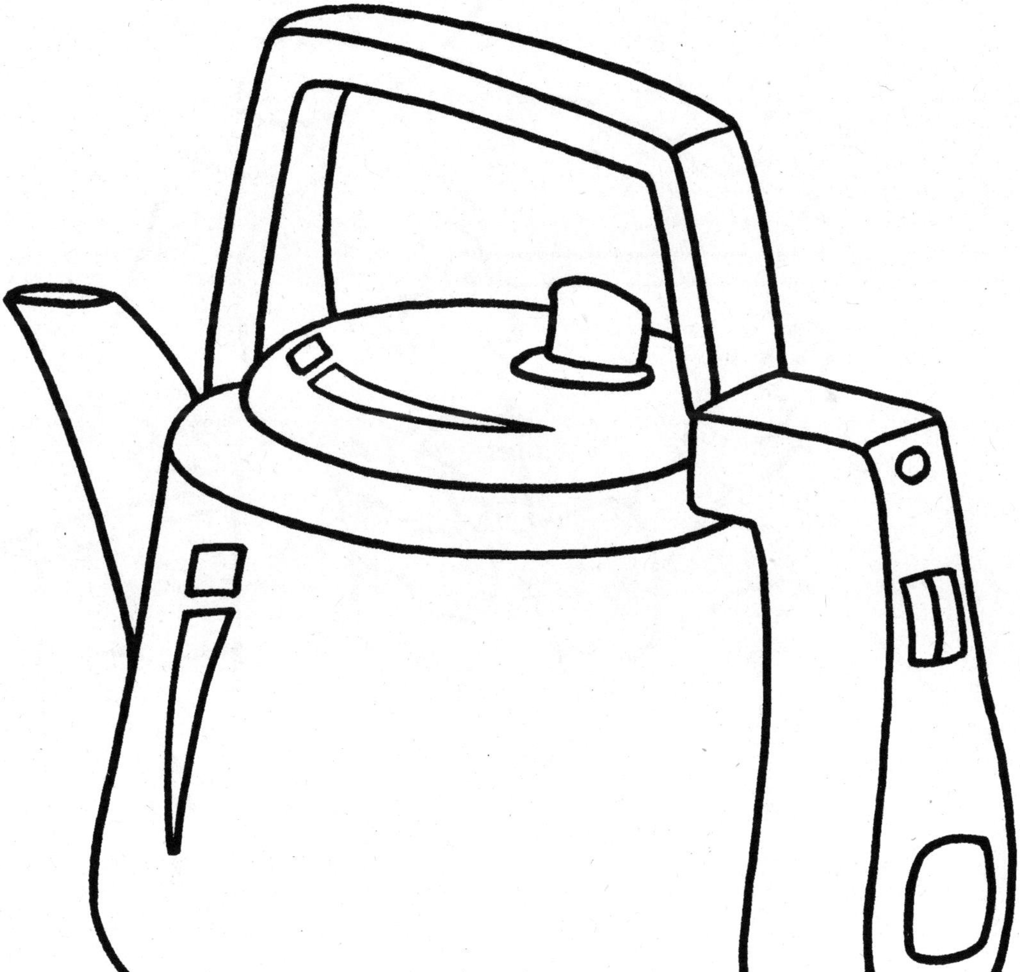

STOP

HAPP
BIRTH

Food
Lux